我只是四肢癱瘓

——脊髓損傷鬥士羅雅萱的生命故事

無論這個世界對她多麼冷酷，
她都會一如往常，勇敢挑戰及充滿希望！

羅雅萱——著

推薦序

成為全世界No.1勵志演說家

佳興成長營創辦人　黃佳興

大家好，我是佳興。

雅萱老師是一位了不起的生命鬥士，在她的生命歷練裡，不可思議是最佳代言人。在這本書裡，讓人們沒有藉口；在這個世界上每一個人，都值得實現自己的夢想。但很多時候，人們太多理由、懶惰、情緒、恐懼，任何一個藉口，都有可能讓人們失去夢想。

我深深的期待，在這個世界上更多人，可以看過雅萱老師這本書籍。因為從書籍裡面，我們可以看到人生轉折一段接著一段，當我們在欣賞的時候，會掉下眼淚，會深深的敬佩，我們會因為雅萱的故事，知道不能有藉口。

很多時候，生命無情考驗發生，我們的內心在吶喊，人們真的需要一盞明燈、一場演講、一本書籍，可以帶給人們無限力量。

我要向全世界大力推薦這本書籍，同時，我要人肆宣揚，全世界都要聽過雅萱老師演講，她的演講充滿了力量，她的臉上表情無比的豐富，她的一字一句，會貫穿到你的靈魂深處，她會讓你知道前進吧！她會讓你知道什麼叫第一名的精神，她也會讓你知道，她做得到，這個世界上每一個人都可以做得到。

雅萱老師坐在輪椅上，都可以巡迴演講到全亞洲，未來要到全世界，她都可以寫一本書籍，喚醒這麼多人的夢想。我相信更多人也都可以做得到，對於雅萱老師，我深深的期待是她的演講可以到全亞洲，她的演講可以到全世界，成為全世界No.1勵志演說家。

推薦序

人生回甘的補藥

中華民國多層次傳銷商業同業公會理事長　古承濬

瓶子碎了，殘破的堆粒裡綻出豔紅的花朵，這叫「奇葩」；兵器損了，竟仍屈兵制敵，這叫「英雄」；身軀缺了，生命卻更顯強韌挺拔，這叫「勇者」。

在一個颱風夜，我才明白我認識了這樣的一個人，或許也應該說是一群人。就在「杜鵑」強颱來襲的那個晚上，「杜鵑」像是個被派來拆解房子的盡職工人一般，呼呼聲整夜賣力地狂嘯不停；而我也像是個只能認命守護的釘子戶一樣，毫無作為地枯坐屋內，任其狂敲猛打。

我隨手拿起客廳桌上那本擺了好一陣子的雜誌，這是前新竹縣脊髓損傷者協會理事長羅雅萱小姐寄給我的，是她在二〇一四年針對脊髓損傷者舉辦的選美活動專刊。

打開後原本只想隨意瀏覽而已，想不到選美佳麗們的自述故事，卻讓我不自主地逐漸深陷。因為，每一則故事都是一場張力十足、驚心動魄的生命歷程，從正常到癱瘓，或因脊髓病變、或因一場車禍，接著歷經手術的折騰、漫長的復健、經濟的窘迫、夢想的幻滅、感情、婚姻甚至連動到家庭的動盪、丕變……這幾乎都是她們生命裡共同的戲碼，上一場身、心痛過了，又有下一場在等著。正如當晚外頭的強風驟雨，一陣陣的又颳又打，永不停歇一般。那本雜誌我就這樣讀著……嘆著……，看完，已是深夜。

這些脊髓損傷者出事後，人生都因此天翻地覆、一片混亂，擺在眼前的路，道道都是難關。尤其是羅小姐她是屬於更嚴重的頸椎受傷者，車禍當天被送至醫院，經檢查後醫生告訴家人：「她的頸椎撞斷了第三節，三個小時後她的脖子會因為腫大而死亡，若一定要救她，活過來會像隔壁的老太婆一樣，要裝上氣切，不管活多久，就要躺多久……」那年，她才二十五歲。

後來，雖然她活了下來，但更大的問題是——要怎麼樣「活」？她四肢都癱瘓了，每天需要光著身子由別人幫她洗澡、餵她吃飯、需要人家用手指挖她的肛門排便……「活著」的每一天，其實都是行屍走肉任由擺佈。疼她的爸爸四處打聽，然後推著輪椅帶著她到處求醫——中醫、密醫、神壇道士，經常是脫光衣服的治療，但最後都發現這些人不是騙財就是騙色。而兩任原已論及婚嫁，原本都深愛著她、誓言守護她至死不渝的男友跑了，家中兄嫂禁不起長期因她帶來的累贅、折騰，所對她的言語傷害，以及她所面臨的經濟窘迫，連最疼她的爸爸也往生走了……

她跟大多數的脊髓傷者一樣，受傷存活後的上半場人生，都在不斷尋找方法、不斷地尋找機會自殺。因為她們堅信——這才是一劑最好的療方。所以，她自殺過好幾回。前面的故事對象說的都是女性，但自殺成功率最高的卻是男生，且是相對年輕的男生。這個數據也可以這樣去理解：女性比男性堅韌、男性養家的社會壓力大、年輕人滿腔熱血、夢想幻滅後無可忍受的悲憤。而臺灣每天因脊髓受傷平均一天三個，年齡層大多在二十七歲左右，更凸顯了這個數據背後的高度張力。

羅小姐說：「不管如何，脊髓損傷患者能夠活下來的人，我們都要給他們熱烈的掌聲。」的確，這種看不到盡頭的苦難、煎熬，是何等殘酷，想要安全地走過，又是何等不易！

羅小姐就是其中的佼佼者，她不只絕處逢生，從死地裡走了出來，而且萬丈光芒——她除了學會能自力更生，賺錢養活自己，更成為羅家成員裡最會賺錢的人，擁有兩棟房子，結婚生子家庭美滿，甚至還奉獻愛心盡其所能，去協助跟她一樣的患者走出陰霾，成立並成為「新竹縣脊髓損傷協會」創會理事長、「新竹縣身心障礙者扶助協會」創會理事長、現在她又成立「台灣夜合花姐妹創業就業協進會」並擔任理事長，更榮獲全國金鷹獎、蒙總統在總統府召見表揚、寫過兩本書、成為一位廣受歡迎的勵志講師，演講場次超過六百場……

羅小姐今天所迸放的光芒熱源，其實正是「昨日」她想極力掙脫的苦難。她自己曾經說過，如果不是那場車禍及經歷過的重重苦難，今天她也只是一介徒有正常肢體的平凡女子罷了。

相信每個領域的佼佼者，當踏上巔峰回首前塵，都會明白前路揮之不盡的汗水，才是他墊高的基底。正如落葉固然傷感，但落葉化泥後，就都成為壯大樹幹的養分。

經歷過苦難的菩薩，才會有晶純的甘露去滋養眾生，以渡化苦難；走過風雨的摧打，才有轉化的位能去春風化雨；揮著深耕靈芝的汨汨汗水，才得以洗鍊出無以匹敵的招牌；練就了挫折的空翻，躍上的才會是璀璨的鑽石舞臺。

明白了補藥必然有苦，下喉之後，人生就會回甘。

目錄

PART 3 開創亮麗事業

PART 4

無與「輪」比的力量

PART 1
從天堂墜入煉獄

01 集三千寵愛於一身

在第一屆「脊髓損傷者暨心愛美人選美活動」現場，當我看著臺上佳麗的認真表現，回想他們這些日子來的努力付出，我不禁感動得潸然落淚。而從活動開跑的那一天起，我就知道自己背負著很大的責任，一路上跌跌撞撞，當我遇到困難時，那些嘴巴不斷酸我的人，一邊說我「行動不便也要選美啊？」一邊卻開始試著幫我，讓我在這混亂的社會裡，看見每個人的美好付出。

大家對「脊髓損傷者」或其他不良於行的身障者，都有個既定的印象，總是認為我們就是該穿得簡簡單單，安安靜靜地躲在角落，臉上無時不透露著悲憐的神情。事實上，我們除了行動比較不方便之外，與其他一般人並沒有什麼兩樣，我們一樣愛漂亮，我們一樣對人生有著嚮往，我們一樣有著自己的夢想。

我知道，選美只是個過程，後續才是責任的開始，著手規畫佳麗的課程，也是脊髓損傷者夢想起飛的開端。選美活動結束後，我望著這些佳麗的背影，腦海中的思緒拉回到了十八歲那一年。

記得十八歲那年，我剛考上駕照，吵著要爸爸買一部跑車給我，因為學美容美髮的我，總是要跟著時代尖端走，不管是身材、容貌、穿著都特別注重。身高一百七十二公分的我，有著五十八公斤的體重，是模特兒的身材，我大哥要我去考空中小姐，但是我執意要留在臺中工作，我算是一位高傲的女孩，當時追求者無數。

我們家有五個兄弟姊妹，而我排行老么，又是媽媽難產開刀出生，因此爸爸對我特別疼愛，我是他的掌上明珠，天天都要黏著他。爸爸最後受不了我的撒嬌，只好請大哥先買了一輛鮮紅色的轎車給我。當車子開到三合院的時候，我欣喜若狂地打開車門，摸著裡面的皮椅，哇！這是夢嗎？這是我的禮物嗎？我開心極了！

收到禮物後，我足足與愛車相處了一個星期，到處跟朋友炫耀，在高速公路上還會跟名牌轎車勁速，我正在跟它磨合當中。不過因為我家在鄉下，要回到家只有一條小路，那條小路只容得下一輛轎車可以行駛，旁邊就是懸崖，如果不小心就會墜下去。我不敢開進去，因此每次要經過這條小路時，我會打電話回家求救，爸爸便會命令二哥幫我把車開回家。

由於鄉下只有五戶人家居住，所以要請鄉公所拓寬馬路也不太可能，爸爸為了我爭取了好多次，直到他老人家都往生了，路都還是窄的。如今寶山老家沒有人住，其他的鄰居也都搬遷了，那條路反而卻拓寬到連遊覽車都可以直接開進去，只是我也很少再回去了。

二十歲的我，年紀輕輕便與朋友合夥開了美髮院，驕傲的我經常向朋友誇耀自己有多厲害，羨煞了不少同年紀的人。我的興趣是跳國標舞，二哥也是國標舞老師，所以男女的舞步他都教我跳。

我經常在美髮院打烊後，換上短裙或是緊身牛仔褲，隨風飄逸的長髮，再配上一條透明絲巾，一顰一笑之間，都覺得自己最美，我在戀愛自己的青春。

我講話很直接，開心時也會笑得很大聲，笑得驚天動地，但是上班時我很嚴厲，尤其當下屬讓我生氣時，我會罵人罵得很兇，被我罵的人常常會抱頭逃竄。

我經常會跟幾個好友去跳舞，幾乎到清晨才回家，一早還要帶著疲憊的身體開店，晚上幾乎混在舞廳裡，華麗的燈光、美妙動人的舞姿，讓自己更為高傲，盡情的享受著生活。

每個月我都會回家一次，也給爸爸一萬元的零用金，然後就轉身離開，此時媽媽會打包一堆的食物給我帶回臺中吃，而爸爸都會說：「阿玲（我以前的小名），每個月就回來這麼一次，留下來吃個晚飯吧！」

我都是找藉口說：「好啦！我真的有重要的事情，下次一定陪您吃飯喔！」說著說著，就打開車門坐到駕駛座上，車子啟動，我將車窗按下，看到爸媽不捨的眼神，我象徵性的用手輕觸嘴唇，給兩位老人家一個飛吻。車子揚長而去，我在後照鏡裡看到兩位老人家的皺紋好深，隱約夾著白髮，我心裡唸了幾個字：「爸媽要多保重喔！」

離開老家後，一路飛奔回到臺中，繼續過著五光十色的生活。

舞廳裡不管人群多麼擁擠，我都願意待在那裡，因為除了舞廳之外，所有ＶＩＰ客戶都會有小房間，透明的玻璃多了一層淡粉色的薄紗，感覺溫柔美麗令人瞠目結舌。

正當一切看起來是這麼美好的時候，老天爺卻嫉妒似地給了我一個與眾不同的人生，二十五歲正意氣風發的我，竟然發生車禍了……而且造成頸部以下終身癱瘓，全天下所有好事、壞事都讓我一個人遇上了！

02

五分鐘改寫我的人生

二十五歲那一年，那是一個寒冷的冬夜，有一位朋友的卡拉ＯＫ店開幕，他打電話請我去捧場，我二話不說就約了兩位好友一起去，當天開著她那輛新買不到一年的轎車，三個人一邊開車一邊嬉鬧，行駛在通往命運轉折的路上……

因為我是個急性子的人，當她的車子因為天冷導致電瓶受凍不易啟動，光是發車就發了好幾分鐘，我急切地問她：「妳的車子怎麼發動那麼久還發不起來？」

她不經思索地回答我：「妳那麼急是要趕著去找閻羅王喔！」

沒想到，五分鐘後，這句話竟然一語成讖，我們出車禍了！

當我清醒之後，睜開眼睛，天花板上有著日光燈，空氣中有著濃烈的藥水味，我才知道自己在急診室裡，全身都沒有知覺，手腳也抬不起來，我的脖子不知道被什麼框住了不能轉動，整個身體好像已經不屬於我的了。

護理師看到我醒過來，便連忙問我：「妳叫什麼名字？妳的證件呢？」

當下我卻怎麼也回答不出來，腦袋裡空空的，我失去記憶了，我忘了我是誰？我用力的回想著，我的皮包呢？不知道過了多久，才慢慢想起剛剛出了車禍，我還有兩位朋友呢？她們呢？死了嗎？嚴重嗎？腦袋裡亂昏昏的，漸漸想起我住的地方，想起了我有男朋友，也想起了他的電話號碼，便匆忙告訴護理師我男友的手機號碼，她便趕緊通知他前來。

當男友趕來醫院時，詢問醫生我的情況，我沒有聽到他們的對話。接著他來到我身旁，看著他凝重的神色，我知道自己的病情一定不樂觀。我著急地問他：「我是不是很嚴重？我會死掉嗎？為什麼我脖子以下完全沒有知覺？快告訴我！你千萬不要瞞著我，我心裡好多問號！」

只見他若無其事的告訴我說：「妳沒事，只是這裡沒有病床了，我們轉到林口長庚醫院好嗎？」

滿臉疑惑的我回答：「我爸爸知道了嗎？」

他說：「我會打電話通知妳爸爸，妳放心吧！」

救護車一路直駛林口長庚醫院，爸媽早已在急診室等候多時了，醫護人員七手八腳把我推了進去，醫生檢查後跟他們說：「妳女兒的頸椎撞斷了第三節，三個小時後她的脖子會腫大而死亡，如果一定要救活她，就算僥倖存活下來，也會像隔壁的老太婆一樣，要裝上氣切，你女兒活多久就要躺多久。」

這段話我清清楚楚聽在耳裡，我頓時恍神，腦袋一片空白，緊閉著雙眼不願面對這一切。只不過是一場車禍，怎麼會這麼嚴重，這麼倒楣？怎麼可能？過一會兒，熟悉的聲音在我耳朵旁清清楚楚叫著我的小名：「阿玲！阿玲！千萬不要睡著。」

其實我根本也睡不著，我睜開眼睛看看四周圍，父母兄姊都圍在身邊，我心裡想著：「你們是來送我人生最後一程的嗎？」

醫生剛才的話仍然在我腦海裡揮之不去。老天啊！我今年才二十五歲，就要離開人世間，會不會太年輕呀？

如果不幸存活，會和隔壁的老太婆一樣，她是怎樣？什麼是氣切？我急於想看，但是頭卻不能轉動，我也不敢問，更不想聽！是不是每個瀕臨死亡的人，都和我想的一樣，只能坦然接受死神到來呢？我的命運如果是如此，也只能坦然接受上天的安排了。

爸爸堅決讓我開刀，但兄長說：「不要急救了，因為把妹妹救活她會很痛苦，還不如直接讓她走了。」

我聽了並沒有流淚。最後因為爸爸的執著和不捨，還是決定開刀了，誰能忍受白髮人送黑髮人？直到手術前，只看到護理師小姐把我的腳抬高，急速把白色的褲子從褲管往上剪，然後再把我的鮮紅色毛衣也剪掉，然後一把丟到垃圾桶。我心裡不停謾罵著：「好貴的衣服耶！妳竟然一把把它丟了！」

接著醫生再將我烏黑的長髮剃光，從前額開始剃。當我聽到理髮器的聲音在髮際滑過時，這麼的熟悉聲音，這不是我的工作嗎？這時我才放聲大哭，哭著不願接受自己當下的窘境。

站在身旁的男友，他緊握著我的手，我的手卻完全感受不到他的溫度（因為脊髓已經撞斷了），他的雙眼堅定地看著我，彷彿在告訴我：「我會等妳，我會等妳康復，當我的新娘。」因為我們交往三年，當中他也跟我求過婚，只不過當時因事業未穩定而被我拒絕了。

頭髮剃光後，醫生在我的耳朵上方鑽了兩個洞，大約一公分深，血慢慢流出來，因為護理師在旁邊擦拭著，醫生用牽引器在我的頭上拉鋼絲，吊了大約八公斤的秤鉈在床頭，為了將我的頸椎固定，推進手術室做急救。進入手術室，我迷迷糊糊的，只記得醫生在我的脖子上扎了一針，然後我大叫一聲：「好痛！」接著就完全不省人事了。

一輩子靠輪椅

開完刀後，我被送進加護病房觀察中。不知道自己昏睡了多久？當我睜開眼睛時，發覺全身都被禁錮了，猶如潛水鐘。我看著那些檢測儀器的線條波動圖，和發出吱吱的聲響，似乎感受到我的人生到了終點。

此刻，在加護病床上，我頻頻回首自己的過往。然後在暗淡的燈光裡，看到我三嫂，我想開口問她：「我怎麼了？」

但是居然聽不到自己的聲音。我想是不是醫生把我的喉嚨開壞了？我猛力搖頭想弄清楚，護理師見狀連忙過來阻止，還緊張地說：「妳不要一直搖頭，妳的耳朵一直流血。」

我慌張無聲的問她：「為什麼我說話沒有聲音？」

護理師讀了我的唇語後，很快的安撫說：「因為開完刀，妳必須插上呼吸器、鼻胃管、喉管、尿管，所以暫時無法說話，如果妳能自己吃飯就可以拔掉了，聲音就會恢復了。」

我心裡半信半疑，但也只能看著天花板，因為頭上的牽引器一直吊在床頭非常重，讓我的頭一動也不能動，心裡盡是恐懼與憂慮。護理師定時幫我灌白色的液體，從我的鼻子把管子拿起來直接倒下去，完全沒有味道，定時要用大支的棉花棒濕潤我的嘴唇。天哪！我要在這裡躺多久呢？誰能告訴我？我是不是要在這裡躺一輩子啊？醫生在急診室裡告訴我爸爸的話言猶在耳，我已經和老太婆一樣了，難道這就是氣切嗎？活多久躺多久？想到這裡，我的眼淚不由自主的滑下！

時間緩慢對我來說如坐針氈，好不容易盼到早上十一點，加護病房探視的時間。當爸爸、媽媽及男友都出現在我的眼前時，我徬徨無助地哭了出來，因為我想表達的話他們卻一句都聽不到，而我的手腳又無法動彈。我到底怎麼了？在這充滿藥味的加護病房中，我討厭這裡，我要離開這裡，心中不停的思索著，但這一切的一切卻已經由不得我。

熬到第三天，護理師照時間灌食，我急迫想知道我能不能出聲，我用唇語告訴她：「我想吃稀飯可以嗎？」

她回答：「妳如果能自己吞嚥，就可以拔掉管子了。」

她請三嫂煮給我吃，並且一口一口慢慢餵我，後來果真可以順利自己吞食，所以將鼻胃管、喉管拔除了，也轉進普通病房，真是謝天謝地。

頭上的八公斤秤鉈也跟著拿掉了，但是脖子上也多了好硬的頸圈，固定頸部上開刀後的傷口，大約十餘公分長。在等待傷口的癒合，心裡輕鬆許多，因為我想我快復原了吧！

在醫院一個月後，我轉診到復健科。三嫂推著我的病床到復健中心，躺在病床上的我平視著，看到了好多坐輪椅的病患，手綁繃帶，推著我這輩子都沒有看過的復健器材，好奇怪喔！他們怎麼了？我不會跟他們一樣吧？心裡想著，我才沒那麼倒楣咧！可是後來這些復健器具我爸爸都買了，真是一大諷刺。

第一次看見復健師，她穿著一身白袍，留著短髮好秀氣，但是她的容貌及她說的話，我至今都沒有忘記。她指著我，然後跟三嫂說：「她沒有買輪椅嗎？她必須一輩子都坐在輪椅上！」

她說得言之鑿鑿，而我聽了一臉錯愕，她憑什麼這麼說？當時的情緒有如海嘯般排山倒海襲捲而來，我痛苦、憤怒、發瘋似的叫著，我拚命的搖頭，我不要、我不要！當時心中只有一個念頭：「我要去死！」

事後得知是爸爸交代家人，不准告訴我這個消息，因為我會受不了而想不開，當下我恨我爸爸為什麼要把我救起來，我對他很不諒解。

苦不堪言的日子

得知自己將要在輪椅上度過一輩子，對我的打擊非常大，我知道我這輩子註定完蛋了。除了垂頭喪氣之外，每天一貫的復健，餵我吃稀飯，吃喝拉撒等等……任何事情都任人宰割。從此家人對我的關心我總是視若無睹，凡事只有點點頭敷衍，而男朋友對我的關懷，我也總是用「嗯！」、「哦！」、「好！」等語焉不詳的句子回答他，每天過得苦不堪言。

日復一日的復健情況並沒有進展，每天翻身、拍背、抽痰，看護協助我排便、換尿片、按摩四肢，這是什麼生活啊？每天過著自怨自艾、怨天尤人的日子，為什麼是我躺在這裡以淚洗面？為什麼？

在醫院的三個月裡，最痛苦的莫過於抽痰了，每天把約三十幾公分的管子插進嘴巴或鼻子，我會眼淚直流，不斷嘔吐。我變成這個樣子，媽媽已經很傷心難過，看到護理師幫我抽痰，一天三十餘次，媽媽站在旁邊，看我一直抽蓄疼痛難捱，總是心疼的掉下眼淚。

醫生告訴我們：「六個月是神經恢復的黃金期，妳要加油勤做復健！」但是我每天哭鬧不休只想回家。

又過了一個半月，我的雙手突然可以抬高，但我的手指卻不會張開，手腕也無法抬，這樣一點點的進步，卻讓我們全家喜極而泣。緊接著，腳也不停的因神經反射左右晃動，爸爸以為我會恢復走路，就請中醫師來醫院看我，給我們打了一劑強心針。

如此中西醫合併，我每天都吞七、八十顆的黑藥丸。幾個星期過去了仍不見起色，我問了醫生說：「為何我的腳會自己擺動呢？」

他說：「妳的腳是自主神經反射，並不是進步，也不見得會恢復。」這下才知道被中醫騙了，還白白花了不少錢。

年關將至，是闔家慶團圓的日子，而我卻要在醫院裡度過，這是我長這麼大以來第一次沒有在家過年，覺得自己好悲哀。大年初一，男友來醫院陪我，直到年初五他才回去上班，這一絲絲的溫暖讓我暫時遺忘了傷痛。

住在長庚的三個多月，我認識了五位同年齡的脊髓損傷朋友，我們在出院前夕，相約一起研究自殺的方法，如果有什麼好的方法一定要互相通知。遇到這種事情，我相信沒有人接受的了，承受這麼大的傷痛，所以我們當時的心境都是這樣的。

出院時，爸爸在百般不願意的情況下幫我買了輪椅。回家後，我所面臨的挑戰，是該如何面對家人，同時內心也編織著自己一定會再走路的夢。

03 黑暗人生降臨

我們家是三合院古厝，四面八方都有樓梯，上下很不方便，所以出院後，我暫時住在三哥家裡，不過他們家一樓沒有房間，必須把我抬上二樓。那段時間，我除了每隔兩天洗一次澡有下樓之外，其他時間都把自己關在房間裡頭哭。

我每天哭喪著臉悶悶不樂，生活有如行屍走肉，爸爸當時仍不放棄，帶著我四處求醫。在中醫的求診過程中，最讓我喜出望外的，是每位中醫都信誓旦旦地告訴爸爸：「妳女兒肯定會走，給我治療看看。」

但是每次過一個月以後卻毫無起色，早上到宜蘭針灸，下午去頭份打氣功，中醫都往我開刀的脖子上猛打。一個月又過了，一樣沒有進步，每天來來回回的包計程車花了不少錢。後來爸爸要求醫生一千萬包醫好，直到我恢復走路。醫生回他說：「我哪敢啊！明天萬一被我醫死怎麼辦？帶回家去！」語氣極為不耐煩，爸爸知道自己又被騙了！

不過他依然不死心，又找了新的偏方——泡冷水澡。把我的衣服全脫光，浴缸裡放滿了大冰塊加中藥材，將我浸泡在裡面大約一個小時。我因為受傷沒有辦法使力，宛如一具屍體一直往下沉，爸爸必須拉著我的手，以免我淹死了。過了兩個星期，有一天，爸爸去上廁所時，只剩下我和中醫師獨處，他竟然觸摸我的身體，並且問我說：「我摸妳，妳有感覺嗎？」

我搖搖頭並大聲叫爸爸，他才停止，要不然後果不堪設想。回家後，我馬上把情形告訴媽媽，隔天就沒有再去了。

爸爸接著又請了大陸來的醫生，他病人很多，要我躺在地上等，而且每次都要我吃一顆既黑又硬、又像羊大便的藥。密醫用又大又粗的香薰我已殘的腳，甚至把我的腳踝燒了一個洞，至今疤痕都還在呢！

因為經過無數醫生看診都未有起色，鄰居建議爸爸叫神棍來看看。沒想到最後神棍也胡作非為，更誇張的是，神棍要我把衣服都脫光，用綠葉沾了很多的水在我身上灑，同時嘴巴唸唸有詞，並且荒唐地告訴我爸爸說：「有一隻鬼跟在她身旁，不願意離去。」

沒想到爸爸居然也相信了，就這樣無所不用其極騙財騙色。他連續來了三天，都是同一套說詞，最後我已忍無可忍，於是大聲怒罵：「你這個假神棍！給我滾出去，大騙子!給你看又要給你錢,給我死出去啦!」

治療的過程中,每一位醫生都說我有希望,可是每個人都讓我由希望到失望,最後徹底絕望。這樣的折磨實在讓人受不了,我顫抖地哭吼著:「我想死!我真的要去死!」我告訴爸爸:「如果您再找任何人來醫治我,我就馬上咬舌自盡。」

疼痛不願意與我和平共處

有一天,我睡眼惺忪睜開眼睛,瞄一瞄時鐘才凌晨四點多,我打了一個哈欠,就導致全身抽痛、抽筋,馬上縮成像一隻蝦子。我想請爸媽幫我翻身,卻發現手也因為抽筋而無法伸直,左腳壓住右腳,真是把我的大腿以下壓得痛死了!這種痛猶如螞蟻率領大軍啃食我的腳,又痛又熱,再也受不了了,只好自己試一試想辦法翻身。

但是越想用力,身體卻縮得更緊,只好大叫爸媽幫忙,請他們把我的身體翻正平躺,以減輕腳的壓力。但平躺的我還是沒有辦法入睡,因為實在太疼了,我請媽媽按摩骨盆腔，還是無法止痛。她幫我翻身趴著睡看看，讓我的臉貼在床上，左臉緊貼床鋪。但是這個姿勢讓我感覺呼吸困難，不到十分鐘，我又請她把我的手拉起來當枕頭，還是無法入睡，因為連手也疼痛難當，後來只好再請她幫我翻回正面平躺。

也許少了安全感，我的臉上都會蓋一個小枕頭，這是我的習慣，我把手壓住枕頭，剛好到鼻子。我用力的壓著，這一刻我突然想把自己壓到窒息，但是無論如何用力，我的力量也有限，只能讓自己眼淚盡情的流。我推開小枕頭，一個人盯著天花板胡思亂想，為何我不能行走？我不禁問老天爺，這輩子到底做錯了什麼事？要我如此活受罪！

我開始抱怨著，連晚上想好好睡上一覺都不行。半夜要上廁所麻煩，要翻身更麻煩，軟弱的時候我會想，是應該去找閻羅王喝咖啡了，但就是提不起這種勇氣，就算提起了勇氣，我該如何解脫呢？現在只有苦悶地讓眼淚如洪水般宣洩，心裡頭即使有無法言語的憤恨，死神得以張牙舞爪譏嘲我的生命存在，妳想怎麼樣呢？

每天早上六點，爸爸會準時叫我起床，逼我唸四十九遍的大悲咒，說是要我贖罪，然後開始復健學習站立。爸爸會拉我起來，媽媽在一旁用力頂著我的膝蓋，讓我不會跪下去。因為受傷的位置實在太高，每站一次就暈一次，一天都會昏迷很多次，就連洗澡也是一樣。坐在便盆椅上要排便的時候，都會特別暈眩，因為氧氣無法送至腦部，讓我缺氧而昏厥。有幾次，我醒來的時候已經躺在床上，嘴角還流著口水，我問爸媽：「我剛不是在洗澡嗎？怎麼會在床上？」媽媽哭著說我又暈倒了，從此爸爸更加逼我做復健，因為他實在不認同醫生的話，說我活多久就要躺多久。

現在想想，當初若不是爸爸沒有放棄我，可能我會像長庚醫院的醫生所說：「活多久就躺多久。」因為天天反覆練習坐輪椅，椅背由七十度慢慢伸為九十度，這樣子，我的腰慢慢挺直起來，人也開始坐直了。

沒有一絲尊嚴

當時每兩天爸媽會抬我到樓下的浴室洗澡，不過因為抬上樓比較吃力，有一次媽媽不小心突然鬆手，把我的屁股給刮傷，還挨了爸爸一頓罵！由於脊髓損傷如果有了褥瘡，很容易引起敗血症或蜂窩性組織炎而奪走性命，大哥看在眼裡，也怕父母太累，因此建議三哥在一樓的後陽臺用木板隔出一個小小的房間，好讓我方便沐浴。

記得有一次我感覺肚子怪怪的，我跟媽媽說：「我要上廁所！」可能因長期照顧太累了，媽媽竟不耐煩地回答我說：「明天再上啦！我累死了！」爸爸聽了生氣的說：「怎麼能只進不出呢？明天不要給她吃飯就不會大便了！」爸爸一邊罵著一邊拉著特製便盆椅，把我褲子脫了，一把抱到便盆椅上，然後蹲下去戴上手套，幫我刺激肛門挖出大便，嘴裡喃喃地唸著：「我上輩子造了什麼孽？這輩子要這樣伺候妳！」

雖然爸爸爸爸臉上的表情不悅，但是我可以感受他的心中一定萬般不捨，因為我是她的掌上明珠。

我們家裡在種田和種橘子，不過有五個孩子要養，家境並不富裕。小時候看哥哥幫忙爸媽種田，我會好奇地拿著鐮刀想要一起幫忙割稻，然而爸爸因為心疼我，便會生氣地對我說：「女孩子曬黑會嫁不出去妳知道嗎？快回去！」

媽媽送點心時，我會戴著斗笠偷偷跟著去，如果看到爸爸的臉色不對勁，我會害怕的說：「我是來吃點心的啦！」

此時他會生氣的責罵媽媽：「以後不准她來田裡知道嗎？要是受傷了或是跌倒了怎麼辦？」

每年中秋節賞月時，我們會在前院中間鋪上棉被，爸爸媽媽會說好多有趣的客家俚語，逗得我們沒聽過這些俚語的兄弟姊妹哈哈大笑，他們還會把最好吃的月餅偷偷塞給我，還交代我不要讓哥哥姊姊們知道。

此外，家裡買雞肉時，雞腿一定是我的，爸媽還會幫我把雞皮咬乾淨，因為我最怕吃皮了。三哥每次看了都哭著說：「為什麼我沒有雞腿？」

爸爸就會對他說：「男孩子吃什麼雞腿？去吃飯。」

這時候我會對三哥做鬼臉，他則是氣得牙癢癢的。

回想過去一幕幕熟悉的情景，爸爸總是那麼疼愛我，然而我卻在國中的時候叛逆蹺課、蹺家來傷他的心，甚至教務處還要求爸爸請我轉學，為了面子，我只好轉回鄉下的國中。想到這裡，我為當時這樣傷爸爸的心感到很羞愧，心裡後悔極了，。

爸爸說的話言猶在耳，讓我心中難過的想死，想想自己已經二十五歲了，竟然這樣赤裸裸地讓爸爸把屎、把尿，沒有一絲尊嚴。於是我心中暗自下了一個決定：我要解脫！我不會再拖累他了。

隔天早上六點，爸爸一樣放著大悲咒的錄音帶，一樣推著我去曬太陽、散步，鄰居用異樣眼光議論紛紛，重複著一樣話語：「好可憐喔！年紀輕輕的就秀逗、阿達！」

爸爸不忍的說：「她是我女兒，她沒有阿達，她出了車禍，她只是不想說話而已。」

爸爸一直對路過的人繼續解釋著，而我總是自卑地低著頭，不敢直視過往人們。心想再這樣下去，我肯定會發瘋的，想死的念頭再次浮上心頭。

日子一天一天過去，我的心情持續低落，又長期食不下嚥，體重直線下降，剩下四十多公斤。此時身心俱疲，出現了荷爾蒙失調，加上月事不順，臉上、背上都長滿紅腫、發膿的大痘子，噁心死了。愛美的我哪能承受得了這些？心中感到無比沉重，尋死的念頭越來越強。但是我該如何結束自己的生命呢？我是何等無能？與其這樣與病魔對抗，不如雙眼緊閉回歸自然！

既然會離婚，又何必結婚

有一次，男友來探視我，還帶著他的父親來提親。我聽了又驚又喜，心裡想著：「這樣我就可以不用拖累父母了。」

但是爸爸卻當場委婉地拒絕說：「一開始可能還不以為意，等到照顧久了，開始覺得累了，接下來就會離婚了。既然都會離婚，又何必結婚呢？」

男友的爸爸斬釘截鐵地說：「他們絕對不會離婚，我保證！」

爸爸為了讓男友死心，便對他說：「不然你照顧她一個月試試看，過一陣子，沒問題再說婚事吧！」

男友當天就帶我回臺中的家，也許是太累的緣故，我躺在車上後座居然睡著了。當我醒過來時，發現身上蓋著一件重重的毛毯，壓得我喘不過氣來。此時男友不在車上，而車子的門窗都緊閉著。這樣的氣氛讓我感到有些恐慌，於是我用力揮舞著雙手，想把毛毯推開，卻怎麼推也推不掉，於是我哭著大聲喊叫男友的名字。然而越是緊張害怕，就越容易把毛毯往身上推。

我覺得自己快要窒息了，但是不管怎麼叫著救命，隔著厚厚的玻璃，外面什麼都聽不到。過了許久，男友終於來開門，我用僅剩餘的力氣抬起頭一邊哭一邊喊著：「你知道我剛才差一點就要被你悶死了嗎？」

只見他一直說我道歉，我也不忍心再責怪他，畢竟他有可能成為我未來的老公。

回到他們家，他一把抱起軟弱的我往樓上走，打開房門，小小的一盞燈、一張床、一個破舊的衣櫃，牆上還有觀世音菩薩的畫像。他餵我吃完晚飯之後，排便的時間到了，我教他幫我按摩肚子，然後把我抱上便盆椅，再幫我塞兩顆軟便劑。坐了一個小時，我實在不好意思開口叫他幫我刺激肛門，只好使盡所有力量再試看看，但還是無能為力。

時間一分一秒過去，他看我不好意思開口，便直接說：「我來幫妳好嗎？」

我羞愧的點了點頭，他便戴著手套幫我刺激肛門。我低下頭偷偷看他，那一刻，發現自己在他面前竟然變得這麼卑微！一點自尊都沒有，好像是一個陌生人。回想起我們交往時，在他前面我有多麼自傲。有時吵架時，即使是我錯了他都得讓我，跟我賠不是，如今卻變成如此不堪，將來如果結婚了，我又該怎麼面對他呢？

折騰了一晚之後，我竟然失眠了，腦海中回憶著我們美好的點點滴滴，以及我的任性使壞，此時我突然覺得自己再也配不上他了，於是毅然決然向他提出分手的要求。我跟他說：「我們沒有將來，以後我一定會拖累你的，我做夢也沒想到自己會變成這副德性。」

只見他默默無語，臉上也沒有任何表情，兩人相視卻無言以對。想必他也決定要分手了，因為誰會把累贅帶在身邊呢？隔天一早，我請他幫我收拾行囊載我回新竹，他一句慰留我的話也沒有說。

一路上我們都沒有交談，我心如刀割、痛不欲生，難道我們之間的愛情這麼禁不起考驗？難道他一點都不愛我嗎？為什麼不試著挽留這兩年多來的感情？坐了輪椅難道註定一輩子與愛情無緣嗎？到了新竹老家，當他抱我下車時，個性向來倔強的我故作堅強，沒有流下一滴眼淚，我想「哀莫大於心死」，就這樣，沒有任何爭吵，我們結束了這段感情。

臨走時，他跟我說：「我再打電話給妳，妳要好好保重自己的身體，掰掰！」他的車緩緩從我眼前開走，我的心也降到了冰點。當時心中仍存著一絲希望，然而至今二十多年了，他早已銷聲匿跡。明知道這份愛不能再繼續，卻還是把心留在那兒，如今唯一有可能的依靠也沒了，更讓我確定該結束自己的生命了。

自殺的機會終於來了

那一天，二哥帶著有一點弱智的小舅子來家裡，他年紀雖然三十好幾了，智力卻停留在六、七歲左右。趁二哥出去吃午飯的時候，我叫他過來說：「你可以去幫我買刀片嗎？」

他也認真的回答我說：「妳是要削鉛筆嗎？」

我回答：「對呀！你趕快去幫我買！」

我當時心裡想著，媽媽在房間裡睡午覺，家裡只剩下我和智能不足的他，我應該可以完成我的夢想，讓自己一了百了（死）！

刀片買回來時，我請他打開放在我的左手上，然後請他出去並幫我把房門關上。我的雙手不停顫抖著，淚如雨下地唸著：「爸、媽，請原諒女兒的不孝，我不想再如此狼狽的苟活下去，來生再報答您們的恩情。」

我慢慢把小刀順著身體往上推，然後含在嘴裡，再把左手放在刀口上，用嘴巴咬住刀柄，再把左手抬上順勢往下拉。過程失敗了好多次，因為我的手沒有力量，只把自己的手腕割得亂七八糟，流一滴滴的血出來。我得再試一次，因為我活下去只是個負擔及累贅，快點離開人世間對大家都好。

果然我心一橫，想著我快解脫了，不再痛苦了，就這樣，手腕上的血流如注。我沒有一點後悔，也沒有絲毫眷戀。

當時只見眼前一黑，醒來時自己已經躺在醫院的急診室，手腕縫了十二針，至今左手腕上的刀疤依然清晰可見！二哥見我如此傷害自己，二話不說當場賞了我一巴掌，對著我罵：「妳這樣割腕，妳知道爸媽有多心疼嗎？把妳搶救回來幹嘛？不如當初一頭撞死就好了！」

回家後，爸爸和媽媽兩人聲淚俱下，只差沒有下跪求我別再做傻事了。我感受到了無比的壓力，我又何嘗希望如此呢？我不斷哭泣，哭到心灰意冷，柔腸寸斷，心裡不斷埋怨：「你們為什麼要救我？為什麼不讓我死？不讓我解脫？我心裡好苦、好痛，妳們知道嗎？」

我無語問蒼天，為什麼只是一場車禍，一夕之間卻是天堂與地獄的差別？是老天爺在跟我開玩笑嗎？真希望這一切的一切，只是一場誤會，一場夢而已，一切將會回到以往的美好時光，或許明天醒來之後，一切都沒有發生過！

（編註：自殺不能解決問題，勇敢求救並非弱者，生命一定可以找到出路。）

04 我在安養中心的生活

割腕事件後，父母對我更是呵護備至，深怕我又做出傷害自己的事。爸爸幾乎二十四小時待命中，連續好幾個星期晚上，都會坐在我床尾的搖椅上盯著我睡覺。我轉輾反側，無法成眠，偷偷瞄著蒼老的父親，將近七十歲的他，自從我車禍後顯得更加蒼老，嘴角的皺紋也更深了，手托著下巴低頭思索著什麼呢？

想著以前的自己總是目中無人、意氣風發，如今這樣的傲氣都到哪裡去了？只剩下可憐兮兮又徬徨無助的我，真想削髮為尼。每天一睜開眼睛，第一件事情就是流淚，除了流淚，不知我還能做什麼？然而連掉眼淚都會被三嫂唸：「妳連拿衛生紙都不會了，憑什麼哭呀？」我還真是個廢物！

我整天哭鬧不停，兄姊們都束手無策，最後受不了了，為了減輕爸媽的負擔，他們決定把我送到安養中心。爸爸雖然心裡有千萬個不捨，也拗不過兄長要把我送走，因為我實在太糟糕了！

他們幫我安排的安養中心在鶯歌，去到那裡之後，我選擇逃避，從此不再與外界聯絡，包括前男友也不知道我在哪裡。每天復健老師都會把我拉起來學習站立（把我的膝蓋用繃帶固定架起來站一小時），只是為了防止肌肉萎縮，及腳背不會變形而已。這樣的日子過了將近半年，復健老師決定搬回他的故鄉——高雄開業。安養中心在裝潢期間，有好重的油漆味及電鋸切割聲，這些雖然讓我感到不舒服，不過我卻寧可待在這樣的環境也不要回家。

到了高雄，病患越來越多，中風、失智的老人多達百餘人。有的老人因為腦部受傷，必須把雙手綁起來，如果讓他掙脫就糟了，因為他會把手伸進尿布裡，抓起裡頭的大便一把丟到我們的病床來，我們一整排腦部正常的病患全部遭殃，臉上、身上都是糞便，然後看護就得要幫我們重新洗澡。

吃飯的時候才可怕！我們男性、女性面對面吃飯，我也自己戴工具練習自己吃飯。看著對面的男性病患，一邊吃飯時，看護還一邊幫他們換尿袋，當場把他們的生殖器掏出來，綁上小的白色繩子，讓尿液由透明塑膠袋流出來，看了就算美食當前，也讓人難以下嚥。但是安養中心就是團體生活，我又能如何呢？

有時病患會罵三字經，怨聲載道抱怨住在這什麼鬼地方，還要活受氣，有的老人甚至會常常放聲大哭。當時沒有領悟到他們為什麼哭？現在我終於了解了，因為父母到老都希望兒女成群，守在身邊噓寒問暖，但是現在的年輕人因為忙於賺錢，只好把父母送到安養中心。

每天永無休止的復健，對我一點幫助也沒有，而這樣規律的生活，反而使我很快就變胖了。時間對我來說一點意義都沒有，只記得對面的大統百貨公司亮起霓虹燈時，就是傍晚六點鐘，一天又接近尾聲了。

很快的，過年又到了，闔家團圓的日子。去年車禍在醫院度過，今年在安養中心度過，真是人生一大悲劇啊！一百多個病患都回家團聚，不過我依然任性不肯回家，只剩下我和看護孤伶伶留在安養院裡。

除夕那一夜，爸爸擔心我，便打了電話詢問：「阿玲，妳吃飽了沒有？有過年的飯菜嗎？有妳喜歡吃的菜嗎？有人陪妳嗎？」我在電話中聽到爸爸明顯的啜泣哽咽聲。

我沒有照實說，我假裝開心的語氣回答：「這裡有好多菜呢！吃得很好，一切都好，您放心，新年快樂！」便匆匆掛了電話。

掛上電話的一剎那，我整個人也跟著情緒崩潰。想著以往過年時，最高興的莫過於我了，因為我的年紀最小，領的紅包最多，也經常開玩笑說：「爸爸，汽油漲價了，紅包怎麼都沒跟著漲呀？」逗得全家人笑。

現在心裡則是想著：「爸爸，現在的您有過年的氣氛嗎？是不是都給我這個不孝女給破壞了呢？」悲慟欲絕，有著言語無法表達的痛！

就這樣，日復一日地在安養中心過了一年八個月，直到有一天，大哥打電話跟我說：「妳的安養中心費用一個月五萬元沒有辦法負擔，家裡已請了外勞，過幾天去接妳回家。」

我才離開了安養中心的生活，但是老天考驗我的日子才剛剛開始！

再度找閻羅王喝咖啡

二哥到高雄接我回家時，外勞已經在家等了三天。她準備接手照顧我，剛開始因為語言不通經常吵架，也麻煩仲介公司來溝通好幾次，害我心情低落極了。之後我輾轉來到臺中復健醫院，但是只能待兩個月。在這裡，我認識了好多脊髓損傷的新病友，心情也好轉很多。大家都受了相同的折磨，只是年齡及受傷部位不同，大家互相勉勵、互相鼓舞、互相打氣、互相留電話。這段短暫的日子讓我感覺溫馨無比。

時間很快就過了，我再度回到三哥家，一如往常過著吃飯、睡覺、發呆、等死的生活，讓我感到意氣消沉、失意沮喪。加上和外勞語言溝通不良，幾乎天天吵架，爸爸經常都要充當和事佬。

爸爸幫我買了一部電動輪椅，放在家裡快三個月了，我連碰都沒去碰它。直到有一天，我突然心血來潮，請外勞抱我坐上電動輪椅。爸爸看到我坐上輪椅的那一幕，心裡感到非常欣慰。

有時他會帶我到附近的青草湖蹓躂，當時青草湖還沒有像現在的規模，可以讓我開著輪椅到湖邊觀賞魚兒游來游去。我看著保持天然風貌的湖真是美麗，羊腸小道旁邊襯托著湖邊的綠樹，令人賞心悅目。不過面一成不變的生活和毫無希望的未來，心裡還是不由自主地想著要如何結束自己的生命？或許開著電動輪椅，腰上綁著安全帶，連同一百多公斤的輪椅一起沉到湖底，是一種很好的死法。

有一次，我與外勞大吵一架，她明知我不會拿電話，卻要我自己拿，還丟在我的大腿上，害我的腿不自主地抽筋，電話也掉到地上摔壞了。我當下真是恨死她了，心想好歹我也曾經是個美髮店老闆娘，妳憑什麼欺負我？但是一切都再也回不去了，於是我流著眼淚，腦海中再度浮出輕生的念頭。

我將電動輪椅一路開往青草湖，想要直接衝到湖裡一了百了。只是當我到了湖畔時，不禁給眼前的景象嚇到了，原始自然的青草湖周圍，竟然不知道什麼時候砌上圍籬，輪椅根本就下不去了。但我仍不死心到處觀望，看看能不能找得到縫隙，好讓我可以和輪椅順利滑到湖底。我問了問湖邊賣香腸的小販，才知道圍籬前一天才剛完工，我心想，如果再早一天來可能就可以如願了。心中不禁感嘆：「人要人死天不肯，天要人死有何難？」

我無助地開著電動輪椅往回家的路上，心想今後又該何去何從？

05 老天不讓妳死，一定有使命存在

一連串的打擊和挫折，過了將近三年，唯一不變的是親情，父母對我的付出，無怨無悔的愛，不厭不倦的照顧，沒有盡頭！好後悔當初不聽他們的話，不好好的讀書，叛逆、蹺課、壞事做盡，現在領悟了，但為時已晚。

日子恢復到剛出院時的一成不變，只是吃、喝、拉、撒不用父母操心，多了個看護，我每天毫無意義的活著，心裡也不斷盤算著往後的生活，該如何過下去？

在一個溫暖的早晨，我蠕動我笨重的身體，像一隻煮熟的蝦子般捲曲著，睜開剛被陽光照醒的惺忪睡眼，看護遞給我一本《如何預防脊髓損傷宣導手冊》。我用沒有任何功能的指甲勾起了第一頁，看到裡頭有一些案例和我相似，然後也有一個新竹服務處及負責人的名字——張世明（小明）。

於是我請看護撥打電話詢問有關問題，還提到自己想死的念頭，沒想到他當天下午就騎著電動代步車來探望我，還帶了一盒櫻桃前來。他人很親切，因此我們幾乎無話不聊，像是好久不見的老朋友。他的腰椎受傷，所以手部功能和正常人一樣。他了解我的情形後，知道我一心想死卻苦無方式，為了鼓勵我有勇氣活下去，並打消自殺的念頭，有一段日子幾乎隔天就來看我，陪我說說話。我要求他來看我時必須帶安眠藥來給我，他拗不過我，有時會帶一、兩顆來，叮嚀我別囤積太多，拿來做為自殺的工具。

的確，我囤積了好多，在想有什麼方式可以一次吞下去呢？我的心裡除了想早點解脫外，一點求生的意志都沒有。有一天，我在等小明來的時候，我跟看護開玩笑說：「把我朋友給我的安眠藥拿來，我要數一數有幾顆？」

她可能覺得我無聊，就一把放在我的餐桌上，嘴巴唸著：「妳慢慢數吧！反正妳也沒辦法拿起來吃。」說完就甩門離開。

我禁不起刺激，心想我一定要吃給妳看，我一顆一顆想從餐桌撿起來，可是手卻是不聽使喚，我這纖細漂亮的手指，竟然一點功能都沒有。後來乾脆順著手掌心把安眠藥全部從桌上掃下，讓藥丸滑進手心，再利用右手撐扶著左手張開嘴巴，一把塞進嘴裡，但有一些還是掉落了。我把它們咬碎後一口吞下，因為沒有味道也不苦，我沒有叫看護倒水給我喝。我命令看護說：「我要去睡午覺！」

她看到客廳灑了一地的藥，就破口大罵：「自己拿不起來，也不要把它們全部扔到地上！」

接著滿嘴的菲律賓土語嘰哩呱啦地說著。我當時心想，管她的，反正我都要上天堂了，又何必與她計較！進了房間，我望著天花板，看著牆上一隻小蜘蛛在織網，時而上時而下，想著牠都能自由自在、來去自如，而我卻一動也不能動，真是無能啊！想著想著又哭了起來，哭著哭著便睡著了。正在等著閻羅王來接我時，突然聽到看護大聲叫說：「小姐，妳朋友來了。」

她一把把我塞進輪椅，推出客廳去，我當時意識還是模模糊糊的，直到看到小明時，我突然想起剛才不是吃了安眠藥嗎？怎麼現在還那麼清醒呢？我便直接問他：「你給我吃什麼藥啊？我剛吃了一堆怎麼連頭暈的感覺都沒有？」

他說：「我早就知道妳可能會自殺，所以給妳的藥只不過是維他命而已！」

真是讓我又好氣又好笑，我狠狠的瞪著他。他接著說：「老天爺不讓妳死，一定有妳的使命存在！」

我傻傻的對著他笑說：「我全身都癱瘓了還可以做什麼啊？別拿我開玩笑了！」

展開新羽衣，我奮翼而上

有一次新竹服務處辦烤肉活動，小明一直打電話邀約我參加，我因為沒參加過任何聚會而一再拒絕。但是他仍不死心，一直打電話告訴我，好多人跟我一樣坐輪椅，要我別害怕、別緊張……等等。爸爸一直勸我說：「去嘛！妳應該回歸社會，不要再待在家裡了。」

我自從受傷後，整整三年來都穿著醫院的病患衣服，沒穿過其他衣服，於是我告訴爸爸：「那您能不能幫我買一套像樣一點的衣服給我穿？穿醫院的衣服丟臉死了！」

爸爸聽到後開心極了，二話不說，馬上騎上他的老爺車，去幫我買了一套淺藍色的運動服，而小明也直接叫了計程車到家裡載我，讓我好感動，於是我終於鼓起勇氣參加脊髓損傷後的第一個活動。自從認識小明之後，他又介紹了好多同病相憐的朋友給我認識，讓我覺得自己不再是孤單一個人，這個世界上不是只有我一個人坐輪椅，這些熱心的病友也都是一路上幫我成長的貴人。

我開始加入他們的活動行列，積極參與聯合會所辦的活動，並觀摩他們開會。當時除了總會之外，各縣市的分會也紛紛成立，不過當時新竹還沒有分會，於是我每天南北奔波，觀察協會如何成立，我更積極訪視病友，鼓勵他們參加協會的活動。

好多脊髓損傷的朋友會拒絕我去探訪，甚至趕我走，大罵三字經等，雖然碰到好多釘子，但我還是一一克服，因為這些過程我都經歷過，所以能體諒他們的心情。有些傷友過著夢遊般的生活，雖然不算太糟糕，可是卻很無奈；也有很多脊髓損傷患者過著非自己理想中的人生，偶爾回神，不禁感嘆，甚而遷怒自己、家人和看護，導致於身心失調，生活失去平衡，他們原本還有許多計畫要去做，卻困頓於現在而錯過。我在他們身上看到了以前的自己，我不忍心看到他們繼續這樣下去，深怕他們也會走向自殺之路。

記得有一個胸椎受傷卻非常年輕的會員，當年才二十二歲，我原本想去探望他，不過因為他住二樓，我還找不到人手可以抱我上樓，因此我打電話告訴他，再過兩天才能請到義工協助我上樓。結果沒想到這麼一延遲，他卻已經想不開自殺身亡。我那時候心裡好後悔，連續哭了好幾天。往後每次只要提起這件事，我還是會耿耿於懷，自責不已。

當我認真思考這些情況時，心中不免隱隱作痛。因為他們不了解現在的自己，所以我希望他們能學會了解自己、治療自己、傾聽自己，最後徹底接受自己。因為不管你大發雷霆或怨聲載道，這些都絲毫不能改變你已經受傷的事實。而且不幸的是，它會伴著你往後的生活，讓你背負著這道疤痕繼續生活下去。

當他們知道自己已不再是從前的自己，而是新生命的開始，那一刻起，他會對自己產生很深的愛與敬意，就跟我一樣，我也是這樣過來的。所以一定要真正的找到自我，新的人生才會重新開始，也將不再軟弱、逃避、依賴、無力和恐懼。我在大家的通力協助下，於一九九五年四月底創立了「新竹縣脊髓損傷者協會」，而我也從此開始每天容光煥發，神采奕奕。

轉換心情的我，原本長滿臉上的青春痘及背上的膿包，竟也奇蹟似地隨之消失無蹤，月事也恢復正常，讓我整個人變得更有朝氣。本來就愛漂亮的我，開始講究穿著端莊，注意儀容禮貌，連我的寶貝頭髮都訂作了不同造型。這也帶動了脊髓損傷患者，鼓勵他們不要讓自己成了病奄奄的人。

時間過得很快，三年一任的理事長改選很快就到了，而我也順利連任第二屆理事長，此後更加積極參加公益活動，例如到學校演講、宣導、送書給受刑人等。當時會員迅速增加到一百多人，由於交通工具不敷使用，我便向縣政府爭取了第二輛復康巴士，以及位在竹北市殘障大樓的「脊髓損傷中途之家」。成立的目的，是要讓剛受傷的患者盡快受訓，早日回歸社會，以免和我以前一樣，浪費這麼長的時間自怨自艾。

現在我家也是潛能發展中心戶外教學的其中一站，希望有需要的朋友們都可以來找我，和我一同分享！

人在一生中所追求的，是工作的價值及生活的品質。我能有今天的成果，當然爸媽的功勞最大，他們無私的付出和支持，讓我無後顧之憂，並且幸運成為有能力關心別人、幫助別人的人。

媽媽更是榮幸得了一九九九年偉大「母愛典範」的獎座，並承蒙前總統李登輝先生召見。爸爸為了這項殊榮，還特別訂作新西裝、新褲子，當天爸爸帥極了！想必這是他和媽媽結婚後以來最瀟灑的一次。而我則梳了一個公主頭，和爸爸一樣穿著黑色西裝，搭配短裙，而大哥、大姊也都一起分享這份榮耀。

我正驕傲終於破繭而出，我徐徐展開嫩黃的新羽衣，在空中散發著耀眼的光彩。四下回顧，先前的疾苦都化成了無聊回憶，抬頭仰望星月當空，我奮翼而上，展向新的未來……

06 妳瘋了！妳不知道妳坐輪椅嗎？

一路走來，我學到了很多，也經歷不少挫折，從失落、打擊、失敗到振奮，這當中我體會到人對於生命的堅持與環境的改造，壓力越大，求生意志就必定越堅強，應變能力也越驚人。所以像我這樣經歷過艱辛與患難的人，不但有警惕、激勵他人的作用，也讓自己更能禁得起磨練與考驗。

在理事長任內，我認識了一位協會志工，偶爾要抱我上二樓去探視會員，可能因為常常需要抱我，我們朝夕相處生出愛苗，久而久之發生了感情。喜歡一個人可以讓自己變得更認真，讓我的生活好像找到了重點，開始有理由為自己改變，變得更加有精神。我們交往了五年，起初我父母非常反對，他們認為我男友是正常人，應該只是在玩弄我的感情，並不是真心對待我。

他們觀察了幾年後，發覺他對我真的很不錯，偶爾他還會陪我回鄉下幫忙載橘子到市場去叫賣。當時爸爸認為我年紀老大不小了，也到了適婚年齡，便主動找男友商量結婚事宜，男友也爽快地答應了。我們決定回去告訴他媽媽這個好消息，我想她應該也不會反對我們的婚事才對，畢竟她平常就對我視如己出。

正當我編織著即將步入禮堂的美夢時，他媽媽卻斬釘截鐵的跟我說：「妳瘋了啊？妳不知道妳坐輪椅嗎？要我兒子伺候妳一輩子啊！我不可能接受一個坐輪椅的人當我媳婦！」

這句話猶如晴天霹靂打在我心坎裡，多麼簡單的一句話就打發了我。我自問：「是啊！我坐輪椅憑什麼結婚啊？」

這件事深深擊中我的要害，也讓我的自卑心又開始作祟了。仔細想想，這幾年他無微不至地照顧我，我豈能耽誤他一輩子呢？如果立場對調，也許我的父母也不會同意接受一個身心障礙者成為家中的一份子，因此我下定決心要離開他！曾經的山盟海誓與海枯石爛，一下子變得如此脆弱不堪，從此我們的戀情畫下休止符。

跟他在沒有任何條件下分手，讓我有好一陣子足不出戶，整天關在房間裡。結婚對我們脊髓損傷者來說，真的是遙不可及啊！原有的幸福和快樂，漸漸被痛苦吞噬，生活又開始變得枯燥乏味，厭倦與沮喪如影隨形。

然而一件事的結束，永遠是另外一件事的開啟。

世界上沒有理所當然的事

接踵而來的是經濟問題，受傷八、九年來，我的積蓄因支付看護的薪水及三哥家的房租，長期下來所剩無幾。加上沒有收入，我也不知道自己還能做什麼，就算有金山銀山，也會坐吃山空。

記得大姊曾向三哥提起，我沒有工作，不要收我的房租。沒想到三哥卻丟出一句事不關己的話，真是出乎我意料。他說：「我又不是和妹妹過一輩子，我是和老婆過一輩子呀！」

聽到這句話，簡直像是一把刀刺進我的心坎裡，疼痛難當！但我只能默默無語，正所謂「人在屋簷下，不得不低頭」，我卻不能有所反擊。

六年前，三哥離婚了，因為當年賺了不少錢，一時迷惑而沉迷賭博輸了不少積蓄，三嫂憤而離去，而三個孩子由哥哥撫養。剛開始他滿想不開的，經常唉聲嘆氣，幾年後三哥也想通了，這麼多年來，他們依然是好朋友，兩個人也紛紛投入慈濟的義工行列。而三哥也經常會回來我家看我，還誇我說：「為什麼妳書讀得最少，卻最會說話？」

可能是因為人情冷暖我都看透了吧！他還對我說：「不要以為自己還年輕，也不要活得太累，不要忙得太疲憊，對自己好一點，快樂才是妳的富貴！」當下覺得他思維成熟了好多喔！

而爸爸年事已高，放心不下我，千交代、萬叮嚀，要大哥絕對不能丟下我。家人商量的結果，要買一間透天房子給爸媽和我同住，因此我用僅剩的積蓄在三哥家附近買了一間房子，有時候爸爸會在家陪我聊天，我也不再感到孤單。

要搬新家時我好高興，心裡正想著：「終於不用再看哥哥他們的臉色了！」

沒想到大哥一句更殘忍的話，讓我驚愕不已，他說：「妳的錢剛好買了一樓，暫時不用付我房租，但是要扣掉看護的薪水，直到妳的理賠金扣完，妳就得搬出去，看縣政府的人會不會安置妳。」

這句話猶如五雷轟頂，重重的劈在我腦袋瓜上，我的耳朵嗡嗡叫著，好想乾脆削髮為尼出家坐禪算了。

大哥五年前被騙了二千萬，結果連房子也抵押了，大嫂也把小孩帶回娘家，留大哥一個人住在淡水社區十樓。他也經常獨自一個人回來看媽媽，有時和我聊著聊著，他會說：「有時候真想從十樓跳下去！」

想起以前他對我的態度一百八十度大轉變，我開玩笑的說：「你要是跳下去的話，就要一下子跳死，要不然跟我一樣變成脊髓損傷，坐在輪椅上，我可沒有辦法照顧你一輩子喔！」

他也只能苦笑，不知道他是放鬆了還是難過？我能理解大哥的內心世界，高處不勝寒。然而思想的深邃能使一個人想得更遠、更透徹。現在他回來竹北時，都會排隊買我喜歡吃的肉圓，回來時我們會閒話家常。

有人問我：「妳曾經恨過他們嗎？」我不否認當然恨過他們對我如此無情無義，只是時間已經磨練了我的脾氣，更何況世界上沒有任何人是理所當然地幫你做任何一件事情，而且親人哪有隔夜仇？因為生活即使再富裕，也比不上親情的珍貴。

一竿在手，希望無窮

由於當時內心一直久久無法平復，而大哥和三哥說話的情景又歷歷在目，每當大哥談到我的事情時，總是大發雷霆。他氣我當初如果聽他的話，到臺北讀書，就不會有今天這樣的下場，每次都罵我成事不足，敗事有餘。甚至面目猙獰、口出惡言，為何當時不一次撞死算了？那時我心底總是有個聲音出現，我是個負擔，是個累贅，我應該一頭撞死，為什麼要活得如此沒有尊嚴？連自家人都這麼瞧不起了，我還活下去幹嘛？

當天晚上，我輾轉難眠，埋入枕頭哭腫雙眼，認為自己是多餘的、是個廢物，尋死的念頭再度強烈浮上心頭。當晚一夜未眠，我氣色憔悴，灰白的臉孔連鬼看了都會怕吧！直到我照著鏡子告訴自己，我當了協會的理事長，什麼大風大浪我都見過，不服輸、不甘心的我絕對不能被打敗！兩位哥哥的另類激將法，反而激起了我無限的鬥志，我決定要戰勝命運，挑戰自己的潛力！

於是我開始天天思索著，今後該如何生活下去？如何讓自己養活自己，因為我生活上的吃、喝、拉、撒大小事情全都要仰賴看護照料，這樣下去終究會淪為酒囊飯袋，變成社會的寄生蟲。我把電動輪椅開到大門外，那是個萬里無雲的大好天氣，我抬頭向天吶喊著：「我不會輸的，我的人生絕對不是如此狼狽不堪！我一定要讓那些看不起我的人對我另眼相看，尤其是曾經傷害過我的人。」

我不能就這麼認輸，我的好勝心也不容許我這麼做。我積極地想辦法，要度過這樣的難關，只能評估自己目前還擁有什麼？看看自己還能做些什麼？我試問自己，我還有一顆清晰靈活的頭腦不是嗎？而且還有愛我、疼我的爸媽做我的後盾。經過一番深思熟慮，我決定從事資源回收，於是在爸爸的經濟支援和朋友的幫忙下，我開始從事回收的工作。

剛起步時很累，我必須挨家挨戶拜訪社區，請管委會讓我把舊衣回收箱放在社區裡，然後請朋友幫忙我收。後來經濟慢慢穩定，哥哥們也不再說話刺激我，現在我們的兄妹感情比車禍前更好，而我有今天的成就，也是兩位哥哥給我的言語激勵！

如今我受傷二十多年了，哥哥們也重新體驗不一樣的生命故事。所謂十年河東、十年河西，在自己還沒有發揮潛力之前，千萬不要說自己不行、自己做不到！經歷這些苦難後，讓我更成長、更懂事，或許沒有他們的這番話，我還真的一點危機意識都沒有，說不定現在還在依賴家人呢！所以我打從心底由衷地感謝他們。
人生猶如釣魚，一竿在手，希望無窮。

PART2
譜出完整人生

07 人生最大的懲罰，就是追不回的遺憾

正當事業慢慢步上軌道，也順利找到了一個相當乖巧的看護，一切發展正要平順的時候，一個晴天霹靂的消息震懾住我，讓我無法接受！

記得那一天我正在睡午覺，電話「鈴！鈴！」地響著，看護把無線電話放在我耳朵上，我不耐煩地問：「喂！是誰呀？」

對方急促哽咽著說：「爸爸在寶山（老家）昏倒了，現在人在新竹臺大醫院急救，醫生說病情很嚴重，恐怕快不行了，妳趕快過來急診室！」我回過神來，原來是三哥的聲音。

我匆匆忙忙掛了電話，衣服也沒來得及換，穿著睡衣就吩咐看護趕快叫計程車。趕往醫院的途中，我內心七上八下，祈求老天爺讓爸爸平安無事，因為他是我唯一的依靠。到了醫院，我幫不上任何忙，只能坐在急診室的角落乾著急。看著醫生重複做著CPR，而媽媽打著赤腳魂不附體的來回踱步，我想她可能因為緊張害怕而忘了穿鞋子。

不知道過了幾個世紀，我突然聽到二叔、大姊、大哥、三哥淒厲的哭聲，才驚覺爸爸已撒手人寰，離我而去！也許是怕媽媽沒辦法接受爸爸離開我們而崩潰昏厥，早在醫生還未宣佈病危以前，媽媽就被二哥帶回去了。

看護推我到病床前，剛開始我沒有流淚，我伸手握住爸爸的手，因為我的手沒力，想給他一絲絲溫暖，想親親爸爸的臉頰，摸一下額頭，測一測他的體溫，但是我怎麼使力也站不起來。他手上戴的手錶秒針卻還在走動著，我心裡想著：「怎麼可能？中午才和他通過電話，只不過一瞬間，現在卻冰冷的躺在急診室裡。」

我無法接受，我不斷告訴自己這是夢，是一場夢。為什麼該死的不死，不應該死的卻先走了？這是什麼世界啊？是世界末日來臨了嗎？還是老天爺在開我玩笑嗎？接著我忍不住痛哭失聲，如泣如訴的呼喚爸爸：「您起來！您給我起來，您怎麼可以丟下我自己先走？為什麼不理我？為什麼不說話？為什麼不帶我一起走？老天爺您對我太不公平了！」

我歇斯底里大叫著，而這一幕深深刻在骨子裡，永遠無法忘懷！

爸爸的過世，對少經世事的我是一個沉重的打擊，我現在才知道什麼叫做「生命不能承受之痛」。生死這一課學校沒教過，從出生到現在不曾有生、離、死、別四個字，別說是讀了，就是光看文字便覺得相當沉重，字字冰冷讓人痛徹心扉、柔腸寸斷。在此之前，從沒有遭遇到和特別親密的人向我永別，因此這四個字對我而言一直是極陌生的名詞！

爸爸的死對我的衝擊非同小可，就像海上突然來的閃電，把夜空劈成四分五裂，天空為之一破，讓你看見一輩子都從未見過的裂痕，我的心也隨著破碎。這比我身上的疼痛多上百倍、千倍、萬倍，我痛心入骨，再度喪失鬥志！

爸爸的味道

我神情呆滯恍恍惚惚地跟著三哥回到鄉下，三哥把我的輪椅放在客廳角落，看護則抱我進去。遠遠的，我看到葬儀社的人早把靈堂架設好，而爸爸也早一步由救護車送回家裡。等我坐好後，這個位子剛好把爸爸的臉看得一清二楚，爸爸孤伶伶地躺在客廳一邊，還掛著白色蚊帳隨風飄逸，但清晰可見爸爸的臉頰佈滿皺紋，白髮蒼蒼。看他睡得好安詳，一點也看不出來他已離開人間。

爸爸活著時，我從來沒有仔細的端詳過他，我不由得問自己：「是誰？讓您變得如此蒼老；是誰？讓您這麼操勞；是誰？讓您年紀那麼大了還要如此疲勞奔波？所以您才需要長期休息。」是我！都是為了我！如果我沒有受傷，爸爸就不必為了我往後的生活擔憂，而每天一早就要去市場賣橘子。

稍晚，大哥把爸爸的遺照掛在牆上，這時候媽媽和大姊已經哭成一團，她們哀戚、悲苦的表情，我永生難忘！而我故作堅強不願掉淚，大姊激動地跪在爸爸身旁，看著他的臉，流著擦不完的眼淚，一直和爸爸嘀嘀咕咕，似乎把這輩子和爸爸還未說完的話一次訴說完畢。

而媽媽則躲在房間裡不敢面對，有時候會突然聽到從房間傳來震天淒厲的哭聲。因為媽媽是童養媳，從小就跟著爸爸，如今她唯一的依靠走了，可想而知，她心中的傷痛是我們做子女難以了解及體會的。這種喪夫之痛的椎心折磨，人生無常痛徹心扉的感觸，只有媽媽自己知道。

依照習俗，晚上要守靈，大哥簡單鋪了床墊，家人面對面席地而坐，我依然坐在輪椅上。冬天的晚上，天黑的比較早，涼風冷颼颼的，寒意讓我的手冷冰冰的，看護幫我添加一件外套。我沒辦法闔眼，看著爸爸的遺照，想著以前爸爸和我朝夕相處的點點滴滴，以及我受傷後他鼓勵我重新站起來，鼓勵我幫助別人，甚至每天推著輪椅帶我到處走走，一點也不覺得丟臉。

在三合院裡，夜裡漆黑一片，我自私小聲地埋怨著：「您沒有任何交代就走了，一句話都沒有留給我就離開了，我怎麼辦呢？以前您常告訴我說：『我一生多做善事，只求好死，不要拖累子女。』對！真的如您所願，您沒有一點病痛，還在工作當中就心肌梗塞往生了。而我呢？媽媽呢？您真狠心！我求您醒一醒，再看看我們一眼，一眼就好！我真的不要您走，您離開了我該依靠誰？該死的是我，是我！」

我哭得死去活來，差一點昏過去。看護見狀不忍心，一把把我抱到爸爸生前睡的房間，因為爸爸的房間離客廳最近，在這裡所看到的，都是爸爸的衣物，以及他留下來的味道，這讓我的心更痛入骨髓！

手術室外的脆弱

守靈的這幾天，因為睡不著，除了和姊夫喝點酒讓身體暖和一點外，就是坐著發呆。屁股上也因久坐有一點破皮，不過這點皮肉痛比不上我心裡椎心刺骨的痛。每天看著親戚朋友拈香參拜，友人送輓聯寫著：「為人忠厚」、「一生正直」，看到這些字眼，更讓我失聲痛哭，感謝鄉親對爸爸的中肯評價，倘若爸爸天上有知，必定欣慰不已……

到了晚上萬籟俱寂的時刻，我的心又揪成了一團。再看著爸爸的臉，想起大姊曾和我聊到，爸爸在我車禍時，當我被推進手術室後，他寸步不離的守著我。在手術室外來回踱步，只差鞋子沒磨破。當大姊趕到醫院時，爸爸受不了打擊痛哭失聲，手足無措，並且一邊哭一邊說：「妳妹妹不行了，我該怎麼辦？我不能失去她呀！」、「求求醫生一定要救她，不管要花多少錢，賣田賣地都無所謂。」甚至差點就昏厥過去，這是大姊從小到大第一次看到爸爸落淚。

沒想到我的一場車禍意外，竟是爸爸淌血的傷痛。從小到大，我沒見過爸爸流過一滴眼淚，他就像童話故事裡寫的，是一座山，是一棵大樹，是個不倒翁。從小就不被要求做家事的我，每次吃完飯後筷子一丟，只要回到書桌前，擺出讀書的姿勢，爸爸也不容許媽媽及大哥多唸我一句。我清晰的記得爸爸送我上學時，在人群中漸行漸遠的身影，這略帶蒼老和蹣跚的身影，成為我心中永遠的痛，也成為我一度孤寂靈魂中，一個永遠難以消除的烙印！

如果，如果時光能倒流，能再給我一次機會，僅僅一次機會，我會像棉花糖一樣黏著爸爸，守在他的身邊，聽他如何栽種橘子，怎麼樣把桶柑變成茂谷柑橘，怎麼栽種西瓜，怎麼務農的心得。我想聽他如何和媽媽結髮的經過，以及生大姊、哥哥，還有生我時，媽媽難產剖腹的過程。

我好想聽他說我小時候的叛逆、我的壞、我是怎麼樣傷他的心，以及他如何教我在跌倒時要怎樣跌得有尊嚴，要怎樣撫平內心的傷痕，怎麼面對挫折，以及如何面對失敗……我想聽他說的還有好多好多，但是這一切為時已晚，如今我只能低聲的自言自語。可惜世界上沒有後悔的藥，如果真的有，我乞求讓爸爸醒來，坐起身，會大笑，恢復以前的健步如飛。

出殯的日子到了，沒有盛大場面的葬禮，助誦的人穿著黃色袈裟，表情嚴肅，鑼鼓混著嗩吶的聲音，叮叮咚咚、鏗鏘鏗鏘由遠至近傳過來，悲哀響徹雲霄！而我們一行人一身素白，圍著棺木，聽著老一輩親人的指揮。直到大哥拿著爸爸的遺照，站在送葬隊伍前面，在香和紙錢的煙霧瀰漫中，我才真正接受爸爸離開的事實。雖然再怎麼萬般不捨，但最親最愛的人已離我遠去！

只能在心裡呼喚，爸爸我想您

爸爸的過世讓我久久無法釋懷，非常懊惱為什麼爸爸在世時不多加珍惜呢？以前只會嫌他嘮叨不停，但卻沒想過自己是否盡到做子女的責任。現在我已為人母，才了解爸爸對我的用心良苦。俗話說：「樹欲靜而風不止，子欲養而親不在。」幸好我的媽媽還健在，但願在我有生之年，能及時行孝，免得後悔莫及！因為人生最大的懲罰，就是追不回的遺憾。

爸爸離世，是我身邊第一個這麼愛我的人離開我，也是我第一次知道「死」是那樣可怕。那種骨肉分離、永難再聚的殘酷和無奈，讓我頓時失去了生活的勇氣。我把自己封閉起來，每天看著爸爸的遺像流淚，訴說著我的想念。

最近幾年，我必須強迫自己堅強，為了老公，為了兒子，為了白髮蒼蒼而已經失智的媽媽。但是，每當我徬徨無助、茫然，或被生活壓得喘不過氣的時候，總會在午夜夢裡，感受到爸爸當時的鼓勵和安慰。從心裡呼喚著：「爸爸我想您！爸爸，和女兒分那麼久，您能否放下心？不再掛念女兒的任性和被您寵壞出來的壞脾氣呢？您還會擔心女兒受委屈嗎？還會嗎？爸爸……」

08 心在哪裡，成就就在哪裡

最愛的爸爸到天上去了，我的生活從此變得空洞，再也沒有人可以和我分享一切。以前爸爸在世時，冬天的早上他會去市場賣橘子，中午收攤後，會聽到他騎著一輛老爺車「碰！碰！」的來看我，手上提著魚和肉，吩咐看護煮給我吃，然後撥通電話告訴媽媽：「我在阿玲這裡吃飯，等會兒再回去。」

午飯後，他會和我天南地北的聊，時而像爸爸，時而像朋友，就像俗語說：「女兒是爸爸的前世情人。」我們幾乎無話不說。我也會跟他討論協會的會務，辦一些什麼活動比較好？偶爾他會從口袋裡掏出二千或一萬元不等贊助協會，等我午睡後，他才回寶山。

客家習俗中過生日時會特別「做三十一」，在我三十一歲生日那天，他還特地抱我上三樓慶祝，並且送了一條黃金項鍊給我做為生日禮物，還買了一瓶日本清酒陪我小酌兩杯。因為他平常是不喝酒的，有點醉意後，我們像是朋友般什麼都聊，那是我一生中最難忘的生日。想到這個場景，我不禁又激動的淚流滿面！看著爸爸平日坐著和我聊天的地方，如今只剩下一張空蕩蕩的旋轉椅，他是永遠都回不來了。

思念爸爸的滋味，徹底讓我了解孤單是什麼狀態。寂寞日與俱增，天天圍繞著我，於是大哥接媽媽過來和我一起住，彼此可以互相照應，也可以互相作伴。爸爸走後，我們幾乎很少說話，也許是太疼的傷口不敢碰觸，太深的憂傷不敢安慰，太殘酷的殘忍不敢注視，所以我們各過各的生活。

而我每天心不在焉的，聽從協會總幹事安排行程，除了開會還是開會。三個月後，我順利交接理事長一職，卸任後幾乎天天以酒為伴，因為它可以減輕我手腳的神經抽痛，又可以讓我暫時忘記爸爸離開的事實，我就這麼過了一段買醉的日子。

而我因為爸爸的離開變得食欲不佳，身體每況越下。兩個月後，看護因合約到期，需要回菲律賓辦理續約手續，而仲介公司派了一個毫無經驗的臨時看護來照顧我，因為不了解我的身體狀況，導致尿道發炎，發高燒到四十度。等原來的看護回來，我已經奄奄一息，她見狀後趕緊叫計程車，送我到新竹臺大醫院，吊了幾天點滴才沒有大礙。

回家後，我依然放縱自己，每天繼續喝酒、唱歌。直到有一天，媽媽終於看不下去了，她非常生氣的說：「妳的鬥志到哪裡去了？妳爸爸看到妳這樣折磨自己、放棄自己，一定很難過，很傷心！」

講完後，媽媽哭了，我也跟著哭了。媽媽從小沒有讀過書，連自己的名字都不會寫，然而她那天卻突然語出驚人的說：「心在那裡，成就就在哪裡！妳爸爸生前不是希望妳要多幫忙殘障者？妳要做給妳爸爸看呀！」

我淚流不止，原來這陣子媽媽所受的折磨並不比我少。媽媽拿出面紙擦拭我的眼淚，輕輕拍我的肩膀，我整個身體撲倒在媽媽懷裡放聲大哭，把這些日子所受的傷痛一次釋放。

那天晚上我做了一個夢，夢到爸爸在新竹觀音亭做廟公，正在掃著地，神桌下面擺滿了各式各樣的鞋子。我記得他招手叫著大姊說：「過來！把鞋子拿去給妳妹妹穿，穿了鞋子，妳妹妹就會走路了！」

驚醒後，才知道是一場夢。我淚濕枕頭，又失眠了。原來爸爸過世後還掛念著我會不會恢復健康，這場夢歷歷在目，我更相信爸爸是多麼愛我、掛念我。

隔天，我再度燃起了鬥志，不服輸的個性又回來了，我便招兵買馬找了一些志同道合的朋友，幫忙我籌備第二個協會。由於有前一個創會的經驗，在短短三個月我就創了「新竹縣身心障礙者扶助協會」。這個協會所收的會員不分殘障類別，只要有身心障礙手冊就能加入，所以我們可以照顧更多需要幫助的人。

黑馬王子出現

過了一年，我的看護假期到了，她因為不放心我讓別的看護照顧，建議我跟她一起去菲律賓玩。我在菲律賓正好也有一個好朋友，她也希望我能出去散散心，放鬆自己，所以我便請仲介公司代為安排。很快的，護照、簽證、機票都訂好了，要去菲律賓的前一天，我和朋友約好在機場碰面，這是我受傷後第一次坐飛機，我坐的是頭等艙，因為航空公司怕我受傷部位太高，無法自行呼吸，若發生意外時方便急救。

看護小心翼翼的在登機口抱我上飛機，我坐在靠窗戶的位置，當飛機緩緩開往跑道，我的心裡非常興奮。等飛機飛到上空，窗外白雲一朵一朵像是一團一團的棉花球，下面的房子、車子隨著飛機越飛越高，也越變越小，好好玩。此時我的心中感覺暢快無比，想著如果能在白雲上跳一跳不知道有多開心呢？之前一切繁瑣的事，都暫時拋到九霄雲外去了。

下飛機時，航空公司派人協助推輪椅，直到出關都有人幫忙，所以看護不會太累，也讓我感受到在臺灣感覺不到的尊重，當時心裡有一股說不出的愉悅。我遠遠就看到朋友向我揮手，我們互相擁抱，她也禮貌性的親吻我臉頰。她是我在臺灣認識的菲律賓朋友，是個個性率真的人。接著帶我到安排好的飯店，這兒有無障礙空間，浴室也很大，很方便。

我們打理好一切後，她帶我到一家港式飲茶吃飯，身邊還帶了一個朋友，一下子幫她挾菜，一下又餵我喝酒，我的心裡很不是滋味，不免有一點醋勁。我調侃她說：「介紹一個帥哥給我好嗎？」她爽快的點點頭答應了。酒足飯飽後，她叫了一輛廂型休旅車方便我放輪椅，然後調皮的說：「走！我們去找帥哥吧！」

一路上，我們打開話匣子聊個不停，朋友在臺灣待了三年，練了一口流利的國語，而我也因為長期請外籍看護，一些簡單的英文我也聽得懂，所以我們很有默契，不會雞同鴨講。路上她打了通電話，說著我聽不懂的流暢菲律賓土話，言談過程中，她笑得很開心，當時心想，管她笑什麼，只要介紹一個帥哥給我就好！大約一個小時後，黑馬王子終於出現了。

他打開廂型車的側門，伸出手禮貌地和我握握手，並用簡單的英文說：「妳好，我叫 Jerome，我去換件褲子，馬上回來。」

二十分鐘後，他換了一件T恤和牛仔褲，身上噴著一股淡淡的古龍水，然後坐在駕駛座旁邊。朋友翻譯說：「他要帶我們去唱歌。」在路上，他一直用菲律賓話和朋友聊天。

我小聲的問看護說：「他們兩個在說些什麼？」

看護說：「他今年三十二歲未婚，也沒有女朋友。」

在車上昏暗的燈光下，他不時轉過頭來向我微笑，看得出是位帥哥。他的皮膚有一點黝黑，有著一口潔白的牙齒，亮亮的，有一種難以言喻的吸引力。在我看來，他長得像馬來西亞的歌手巫啟賢，感覺上是個可靠的人。

到了卡拉ＯＫ，我朋友很會製造氣氛，而帥哥 Jerome 有時會拿起酒主動餵我喝，或是牽起我的手隨著音樂搖擺，我們玩到凌晨兩點多才回飯店。第二天傍晚，他們下班就到飯店找我一起吃飯，也問了我的狀況，我都一五一十毫無隱瞞的告訴他。朋友跟我說他是個電器工程師，難怪他的穿著非常講究，穿的是襯衫和直挺挺的西裝褲，所以我對他的印象真的很不錯。當晚我們聊得很愉快，他還特地請了三天假陪我到外地風景區走走。

09 輪椅上的洋娃娃

第三天，我們租了一輛廂型車，Jerome 小心翼翼的抱我上車，因為路途遙遠，我久坐腰痠背痛的時候，他會讓我躺在他的大腿上當枕頭小睡一會。到了目的地，他細心抱我下車，坐上手推輪椅，推著我介紹當地的風景、小吃。他性格非常開朗，流露著一股說不上來的男人特別魅力，晚上我們租了一間飯店，有游泳池、有餐廳的那種。我們開懷暢飲、嘻笑，因為威士忌的助興，讓我彷彿置身於戀愛中，直到凌晨三點才休息。

在回程的路上，經過他二姊家，他請我們進去坐一坐，他二姊是個老師，很親切的招呼我，她家雖然不大，但是佈置的很溫馨。我因為前一晚睡眠不足，滿臉倦容又身心俱疲，加上菲律賓一年四季都很炎熱，平均溫度都在三十度左右，我又不會流汗（脊髓損傷者大部分都不會排汗，也不會調節體溫），暈頭轉向的差點沒昏倒。儘管兩支超大的電扇在我前面吹著，但依然沒有辦法散熱，因為彌漫著熱氣，看護了解我的病情，馬上詢問有沒有冷氣的房間，好讓我可以躺下休息。

看護借了他二姊的房間讓我小睡片刻，等我起來時已是晚餐時間。他二姊早已準備好菲律賓美食，我也不客氣吃得津津有味。他們算是個大家族，有十一個兄弟姐妹，大夥全都圍著我看，嘀嘀咕咕的我也聽不懂他們在說什麼。

晚飯後大家鳥獸散，我想她們也不會喜歡我，因為前一段戀情也是因為我坐在輪椅上而遭受男友家人的反對，為了避免二度傷害，我想提早點回飯店。正想離開時，他二姊突然拿了他小時候的相片，和我聊著他小時候的事，看護則在一旁幫忙翻譯著。時間飛快的過去，一轉眼已經十點多了，我們依依不捨互道晚安，因為明天他們還要上班。

回到飯店，梳洗完畢後已經十二點多了，我突然收到一封簡訊，上面寫著：「I love you.」，署名是Jerome。我被他突如其來的簡訊嚇到，問了一下看護並把手機拿給她看，問她：「你們菲律賓人都是那麼直接的表白嗎？」

她笑著說：「是呀！他愛上妳了！」害我臉都紅了！說真的，這幾天與他相處，覺得他很體貼、很善良，也很溫柔，我對他印象深刻，心裡難免也有一些悸動，帶點甜蜜的感覺，今天晚上想必又要睡不著了。

我對著天花板出了神，心中想的都是他，他對我表明愛意，我該拒絕還是接受？這個問題在我腦海中不斷盤旋著：「他是開玩笑的吧？不是認真的吧！我配不上他。他有著高學歷，談吐優雅，家世也沒得挑。我呢？憑什麼？更何況我又不會走路。但是要忘記上一段戀情最好的辦法，就是趕快找下一個戀人，不是嗎？」我試圖說服自己接受他。

那天傍晚，他又來飯店了，這回看到他，我有一點羞怯的臉紅心跳、小鹿亂撞，像是情竇初開的小女孩。難道我對他動了真情嗎？我朋友在假期最後兩天約了他二姊、姊夫、還有他表弟一起吃晚飯，顯然他二姊並不反對我們交往。

但我老實告訴她，我要別人照顧的地方太多了，就像個嬰兒一樣。還不忌諱的告訴她，我出門有諸多不便的地方需要協助，連最基本的吃飯都要有人餵我，甚至連一杯水也端不起來。我想這些話，她聽完後應該會打退堂鼓吧！但她卻微笑的說：「妳只是不方便而已，頭腦和一般人一樣。而且我弟弟說，妳像是一個不會動的洋娃娃，很可愛，一點也不覺得妳哪裡不對勁。」

聽到他說我是「洋娃娃」，不禁讓我喜出望外，開心極了！從此，我在臺灣的外號就叫「輪椅上的洋娃娃」，我也保持著這種形象好多年呢！

魂留菲律賓

她二姊的話讓我深深感動，朋友更是提了一段讓我難以置信的話，她說：「妳這次來菲律賓，要招待妳的本來是他二哥，但我打電話給他二哥時他二哥剛好出去了，是Jerome碰巧接到電話，他自告奮勇說：『我去招待妳臺灣來的朋友好嗎？』我還告訴他說妳是坐輪椅的，他說沒有關係，所以妳們相識是上天賜予的緣份，妳一定要珍惜喔！而且他在外工作兩年，從來沒有那麼早回家過，今天不知為什麼突然肚子劇痛，才向公司請假回家休息，又剛好接到我的電話，這是命中註定你們要在一起的，妳要好好把握喔！」

這段像是天方夜譚的話，讓我猶如置身在童話故事中，我點了點頭暫時假裝欣然接受。隔天我就要啟程回臺灣，當晚他特地買了菲律賓酒，名字叫「Gin」，後勁很強，在醉意朦朧中，我們買了對戒，並且互許終生。我們一直喝到深夜二點多，朋友他們還出去買酒，但是許久未歸，我緊張的問他：「我的看護和朋友她們都去哪裡了？我需要協助，請你打手機請她們回來好嗎？」

他說：「我來幫妳就好，因為我們已經訂婚了！」

我心想著不是兒戲嗎？只是大家鬧著玩的，我害羞地請他挪動我的身體，讓我比較不痛。後來他直接把我抱上床了，那晚朋友把房間讓給我和他，一陣輕聲細語，天雷勾動地火，此時無聲勝有聲，一切盡在不言中。

戀愛靠機會，婚姻靠智慧，在茫茫人海中，偏偏遇到他，當作給自己一個機會吧！

破曉時分，他送我到機場，廂型車上，我們默默無語，深情的看著對方。但天下無不散的宴席，無奈到了機場，我們還是不得已揮揮手，他輕輕的在我唇上吻了一下，說聲掰掰，差一點沒掉下眼淚，想不到這兩個字對熱戀中的人來說竟是這麼殘忍。我們難分難捨，互道珍重，真希望時間就停留在此刻。看護推著我出境要辦理登機，我忍不住回頭偷瞄他一眼，他的眼神非常不捨，直到轉了個彎，他消失在我眼前，我才意識到我們真的分開了！

我的人雖然上了飛機，但是魂還留在菲律賓，我的心停留在昨晚的溫情蜜意當中。飛機上，我望著窗外，景色和去菲律賓時一樣也是朵朵白雲，但是心情卻截然不同。回到臺灣下了飛機，看護推我出關領了行李，叫了計程車，我好像丟失了魂魄似的，失魂落魄的坐上車。到了家總是要面對現實吧！戀愛夢也跟著醒了，不由的想著，也許他只是我生命中的過客，而這幾天的一切像極了電影中的插曲，全部都會隨著時間而煙消雲散，此時的我落寞極了。

10 我愛妳，我們結婚吧！

回國後，我每一天都處在魂不守舍的狀態，對這段新的戀情，既期待又怕受傷害。心中想的都是他，我不敢相信，也無法相信，在異國居然會有這一場美麗的邂逅。而返國後，還不放棄一直以國際電話聯絡，打電話成了例行公事。多則一天兩通以上，每一通電話他都會說：「I love you.」

「我愛你」這短短的三個字，對我們臺灣傳統的女人來說，真是一句奢侈甜蜜的話，臺灣的男人、女人真的要多學習。很快的，我禁不起誘惑，被他深深吸引，也對他動了真感情，漸漸陷入這段無法預知結果的濃濃愛意當中。

撥打長途電話一個月後，帳單來了，這一個月以來的通話費貴得嚇人，我決定和他說明白，因為長痛不如短痛。我撥了他的手機號碼，心裡翻騰著複雜的心，冷冷的說：「我們分手吧！距離實在太遙遠了，再這樣下去也是一場空，我們不會有結果的，不如早點分手。因為電話費我負擔不起，而且你又千里之外。」

我說完這一段話之後，他毫不考慮的回答說：「我不要分手，我愛妳，我們結婚好嗎？」

我被他突如其來的話嚇了一大跳，我楞了一下說：「你是開玩笑的吧！」

我還說了一些令他對我死心的話，我說：「我像小孩子一樣要別人照顧，要幫我洗澡、清理大便、出門要上廁所也不方便。」

沒想到他卻用堅定的語氣說：「我不在乎這一切，我愛妳！妳只是像個不會動的洋娃娃，頭腦和正常人一樣，我會照顧妳一輩子。」

我的淚水在眼眶打轉，感動的滑落臉頰。他對我沒有甜言蜜語，沒有一千朵玫瑰花，有的只是真心一顆，誠意十足。輕輕的說一句：「我們結婚吧！」我被他軟化了，他打動了我的心。

我告訴自己：「我還能失去什麼？我已失去了四肢功能，還有我最愛的爸爸，我不想再害怕膽怯了，我願意放手一搏。如果他能實現諾言，我還要計較什麼？矜持什麼？答應他吧！千萬不要錯失這一段得來不易異國姻緣。」

我也肯定輕聲的回答：「ＯＫ！我們結婚吧！」

難怪戀愛中的人常說服自己說，年齡不是問題，身高不是距離，美醜沒得比，愛到卡慘死（臺灣俗語）！不是嗎？這通電話在「I love you forever.」中畫下完美句點。

管他幾歲，結了再說

我們正各自在法院辦理單身證明，每天興奮的不得了！我會唱歌，有時候想到他就會不自覺的嘴角往上揚，有時候也會莫名奇妙的開懷大笑。有一天，看護突然跟我說：「妳別這麼開心，他應該是騙妳的，沒有真心要跟妳結婚！他來臺灣兩年後拿到身分證就會跟妳離婚了，妳不要做白日夢了！」

我一直追問她為什麼會這麼說，她說：「他今年是二十九歲，並不是三十二歲，妳年長他五歲，他欺騙妳的感情。」

我氣極敗壞的問她：「為什麼妳知道？什麼時候知道的？妳是因為妒嫉才亂說的對嗎？妳早知道卻不告訴我，妳真是太過分了！」我糊里糊塗的把看護臭罵一頓。

我不相信，請看護馬上拿起手機，撥了通電話給他二姊向她求證，沒想到他二姊的回答竟然和看護說的一樣。我尷尬的問二姊：「他今年到底幾歲？」

她頓了一下說：「他今年二十八歲，但他對妳是真心的，他騙妳是不得已，因為他很愛妳。」

我聽不下去了，匆匆掛了電話，我的心瞬間盪到谷底。難道他和我只是一時衝動，而我對他只是一廂情願？

我壓抑不住那股憤怒的情緒，也不管他有沒有上班，都要問個明白！我坐立不安，馬上打了通電話給他。電話鈴聲「嘟！嘟！嘟！」的響著，我的心也隨著電話聲加速跳著，內心充滿緊張與不安，所有的情緒全融合在一起，形成了極度苦澀的滋味，我相信這不是真的。他像往常一樣接起了電話，我等不及他開口，劈頭就問：「你每天都說你愛我，為什麼要騙我？」

他摸不著頭緒的回答：「我騙妳什麼？」

我啜泣著說：「你到底幾歲？我打電話給你二姊，她說你才二十八歲！你還騙我什麼？還是你已經結婚了？或是有了小孩？」

他輕聲的說：「妳不要生氣，不要哭，先聽我把話說完。我沒有結過婚也沒有小孩，我只有騙了妳我的實際年齡，因為我怕妳不肯接受我的追求，我其實不是二十九歲，我今年才二十六歲！」

OH MY GOD！我簡直不敢相信我所聽到的每一句話，當時我的心跳更加急促，全身發麻起雞皮疙瘩，我竟然愛上一個小我八歲，甚至可以當我弟弟的人，實在是天大的笑話，我嘲諷的笑著自己。

這兩天，我不讓看護看到我失落的神情，盡量壓抑心中澎湃激動的思緒，憋著不哭。然而緊繃的情緒讓我吃不下也睡不著，我心中不斷想著在菲律賓和他相處那幾天的點點滴滴。眼睛看著手機裡他不斷傳來的簡訊，他一再的抱歉，要我原諒他。而每當手機鈴聲響起，顯示是他的號碼時，我都會暗示看護不要接，好讓我想清楚。

要分手對我來說簡直心如刀割，我忍了幾天終於受不了，請看護幫我拿起手機撥給他。我聽得出來他非常緊張，說：「我以為妳不理我了，我一直在等妳的電話，這兩天我都睡不安寧。對不起，我不應該騙妳。」

我何嘗不是呢？我的心快速跳動著。他接著說：「我真的愛妳，要不然不會提起結婚，妳原諒我好嗎？」

我相信他是真心愛我的，所以我再次確認他的身份之後，決定放手一搏，賭這場婚姻，就算是離婚，最起碼我曾經擁有過，不是嗎？

老公彩繪我的新生命

當我決定要步入禮堂之後，開始注重穿著打扮，變得更愛漂亮。出門時要化妝、保持身材，無時無刻不想著他，等待我和他的喜事臨門。半個月後，我將前往菲律賓和我心愛的人辦理結婚登記。

我的心忐忑不安，一方面我沒有把結婚的消息告訴家人，另一方面我擔心他會反悔，那我不就糗大了。直到上飛機的前一刻，我打了通電話給大姊，吞吞吐吐的告訴她：「我要結婚了！」

大姊很驚訝的說：「妳說什麼？妳要結婚？妳可要考慮清楚！這是一輩子的事，要三思而後行。」

她的長篇大論我哪裡聽得進去？我是那麼渴望見到我的阿娜答，怎麼可能輕言放棄？我告訴大姊說：「祝我一切順利吧！」

大姊也答應我，如果順利的話，她會帶媽媽一起去菲律賓參加我的喜宴。

我把自己打扮的很時髦，一件超短的牛仔褲和娃娃裝，露出我一雙沒有萎縮的美腿。我堅信他不會騙我，在飛機上我不斷告訴自己，是老天爺的眷顧，在我無私奉獻的爸爸往生後，他捨不得我孤單過一生，而特別派天使來照護我。

今天我一樣坐在窗口的位置，望向窗外，感覺今天的朵朵白雲像浪花一樣環繞在飛機旁，彷彿都在向我祝福。而我的心情錯綜複雜，真擔心被放鴿子。

下了飛機、出了關，有好多等待接機的人。我的眼睛像電腦掃瞄機一樣快速掃過，遠遠的就看到他神情奕奕地捧了一束玫瑰花在等我。本來懸在半空中的一顆心終於放下，一天的疲憊也一掃而空，現在更確信他是真心愛我的！他大步向前十分激動的抱住我，也顧不住旁人的觀望，給了我一個深情的吻。我沒有拒絕，雖然隔了一個半月沒有見面，他依然熱情如火，讓我把在飛機上的一切擔心全部拋在腦後。

小別勝新婚，我們更珍惜相處的每一分每一秒。辦完結婚登記之後，我從未謀面的婆婆當天從另外一個島搭飛機來馬尼拉參加婚禮，而我們選擇在飯店五樓的小教堂辦理結婚，這間飯店是我們之前互許終生的同一家飯店，連房間也是同一間，有著特別的意義。教堂沒有美輪美奐的布置，只有幾顆汽球，和一盆擺在牧師前面的鮮花。

我特別請化妝師來飯店幫我化妝，並且買了一套純白的洋裝，因為菲律賓沒有婚紗公司可以出租禮服，所以一切從簡。當看護把我推到五樓的禮堂時，我的心情有一股難以言喻的酸甜苦澀，因為我怕未來的婆婆會不會像以前男友的媽媽一樣，因為我坐輪椅而看輕我呢？

我焦慮不安的想著，任由看護推向五樓。當我第一眼遠遠的看到他媽媽時，心情真是七上八下、侷促不安，但令我訝異的是，她竟然向我微笑，而她親切可掬的笑容，使我感覺與她之間瞬時零壓力、零距離。

她還走過來輕輕的在我額頭上親一下，再給我一個結實有力的擁抱，然後說了幾句菲律賓土話，我趕緊問看護她說什麼，看護翻譯婆婆說的話：「妳長得很漂亮！只可惜坐著輪椅上。」聽到這些話，讓我如釋重負般放下心中一顆大石頭。

這一切都不像我想像中的婚禮，也沒有像偶像劇中爸爸挽著新娘的手緩緩走向禮堂的情景，只有看護推著我往禮堂走，連一個親友都沒有，心中難免有一點遺憾。我發誓回臺灣一定要補辦婚禮，讓所有的親朋好友都來祝賀。當天出席的，有一個看起來非常帥氣而又不失莊重的牧師、有老公的二姊、二哥和舅舅來當見證人。

婚禮進行著，我聽不懂牧師的話，只能頻頻點頭回答「ＹＥＳ」和「ＯＫ」。直到牧師要我們互相交換戒指時，老公把婚戒套在我手指上，我的淚水在眼眶中不停轉動著，既感動又興奮，不過因為我的手不方便，只好請看護幫我替他戴上結婚戒指。接著看護在佈滿英文的結婚證書上蓋了十幾顆印章，讓我不禁疑惑，就這樣完成了終生大事嗎？這是真的嗎？不是做夢吧？

從此以後，老公與我的命運緊緊纏繞，眼前這位就是老公，他將參與我的下半輩子，互相扶持攜手走完人生，我們將白頭偕老。老公彩繪了我的新生命！

我終於嫁出去了

新婚之夜，老公買了威士忌慶祝，他體貼的幫我添酒，自己也倒了一杯，他的眼神有一種前所未有的溫暖，說起話來好輕、好柔，那一晚我們猶如宿醉般的纏綿！

隔天，我們到就近的海邊，任海風徐徐吹來，享受著如沐春風的下午茶。我一時興致盎然，突然心血來潮的向大海大叫：「我終於嫁出去了！我的心裡好滿足！」臉上帶著一點嬌羞，幸福洋溢。我們每天如膠似漆、朝夕相處，好像深怕會失去對方。而老公也幫我取了另一個名字叫「ＬＯＶＥ」，不過看護聽到直說好噁心。

我們的喜宴在結婚後兩天舉辦，而大姊也依約帶著媽媽來到菲律賓給予我們祝福，讓我感動不已。大姊還買對錶送給我們，而我穿著粉紅色的長禮服，打扮的阿娜多姿，為的是給老公的親朋好友留下好印象。當晚雖然大家語言不通，但在一陣比手畫腳及看護的翻譯下，大家開懷大笑，我們過了一個非常愉快的夜晚。

因為老公的婚假已到，他必須回公司上班，不得已我也只好返國。由於他決定要來臺定居，必須要留在菲律賓辦一些繁雜的手續，我只能無奈的乖乖回臺灣。返國後，光是想到他的體貼溫柔，就讓我覺得好幸福。我們天天熱線，一個月後，因菲律賓大使館要面試，我又飛往菲律賓。

面試完後第二天，我們順利的拿到結婚證書。而我正式成為Geronimo Pueyo的老婆，心中有一股莫名的滿足感。我們的愛並沒有因為久未見面而生疏，反而更加甜蜜，每天形影不離、如膠似漆，把握相處的每一刻。他的出現，讓我覺得原本缺憾的人生，到此了無遺憾。

11

我不再是充氣娃娃

多少次的不期而遇，才能收穫一輩子的幸福，而我和他只是一次不浪漫的邂逅，卻讓我陷入了無盡的相思中。不能說是邂逅吧！只能說是一面之緣而已，但在茫茫人海之中，在不確定的時間、不確定的地點，我卻能與他相遇。

思念的當下，總覺得時間難熬，對我來說一分一秒都是折磨。等候的滋味真的很不好受，盼了差不多兩個月的時間，老公終於可以來臺灣了。而我一則以喜，一則以憂。喜的是老公從此不會離開我！我們可以天天見面，愛聊多久就聊多久，不用再花昂貴的國際電話費。

憂的是我不知道怎樣做一個好老婆，需要學習的還很多，何況我是個四肢癱瘓者。這段婚姻是幸福？是悲哀？全靠我們如何經營。我相信只要互相尊重、互相體諒、互相信任、對婚姻忠貞，更重要的是相愛，我想沒有什麼可以難倒我們的。而婚姻本來就是由一點淡淡的悲哀，加上一點淡淡的幸福所組成的不是嗎？

今天對我來說是個大日子，老公的飛機下午四點到臺灣。在他還沒到臺灣前，我還是覺得這一切都是夢。昨晚更是一夜未眠，魂不守舍，滿腦子想的都是他，但在他未抵達臺灣前我深感這一切都是夢。

一大早我就起來梳妝打扮，不但上了美髮院做造型，還請看護幫我化妝，點了眼影、唇彩，讓我看起來美豔動人。攬鏡一照，哇！真是天生麗質難自棄，美的驚心動魄，滿意極了！相信老公看到我，眼睛一定為之一亮，眼裡再也無法容下別的女人。但又擔心臺灣的美女太多了，對自己沒有信心，更何況我們兩個月沒有見面，他又是第一次來臺灣，擔心他受不了誘惑，我對著鏡子喃喃自語，心裡反覆不安。

下午我姪子開了一輛純白的轎車，要載我去機場接他姨丈，他還買了一束玫瑰花要送給姨丈，而我三嫂則在家準備晚餐。去機場的路上我望向窗外，心情好到連外面的景色都覺得格外美麗。到了機場，我既興奮又帶點羞怯，一顆心加速跳著，急得像熱鍋上的螞蟻，迫不及待的想趕快和他見面。

在出入境的電視牆上，我目不轉睛的盯著，深怕他沒有坐上這班飛機似的。等待的滋味分秒難熬，真是苦不堪言，頓時覺得時間過的好慢好慢，我好著急！時間好像停止不動了。小姪子看我坐立不安，笑著對我說：「阿姨，別擔心！妳馬上就可以見到心愛的人了！」我害羞的臉都紅了。

皇天不負苦心人，終於看到老公出現在電視牆上，只見他緩緩的走出來，我趕緊暗示看護推我到轉角的地方，希望他能第一眼就看到我。我緊張的問看護：「我的妝有沒有花掉？要不要補一下口紅啊？」

小姪子聽到回答說：「阿姨不要緊張，妳非常漂亮。」我嬌羞的笑了。當遠遠的看到他出境時，真想站起身來，然後健步如飛的奔到他身邊環抱著他，告訴他我終於等到你了，我好想你喔！但我知道這是不可能的事。

上天已經很疼惜我了，給了我一個四肢健全的老公，我還要貪圖什麼呢？他帶著非常簡單的行李，露出陽光般燦爛的笑容走過來，並在我臉頰上輕輕的吻了一下，然後熱情的擁抱著我說：「I miss you!」

小姪子站在旁邊，我的臉更紅了，像初戀少女般的嬌羞。小姪子也隨著臺灣習俗稱呼他：「姨丈您好，歡迎來到臺灣！」並送上玫瑰花。

一路上，我不好意思開口和他說話，我坐在駕駛座旁的位置，偶爾用曖昧的眼神回頭看看他，因為怕小姪子又消遣我。還好很快的到了家，三嫂已準備好晚餐，我介紹他和家人認識，媽媽送了一個黃金戒指做為見面禮。而晚餐在一陣歡笑聲中和媽媽的比手畫腳下開心度過。

晚飯後，三嫂說：「依照臺灣的禮俗，你必須要抱新娘子進去房間。」三嫂把椅子定位後，老公則露出靦腆的笑容看著我，我暗示他照做就是了。他一把抱起我往房間走進去，然後慢慢放下，因為我的腰部沒有力，所以他小心的扶著我，怕我跌倒。三嫂端著甜湯圓，用湯匙餵給我吃一小口，也餵他吃一口，口裡唸唸有詞說：「吃甜甜，明年生兒子。（臺語）」

接著她又叫我們親吻拍照，三嫂不想這麼輕易就放過我們，因此一直藉機重複動作，我知道三嫂是故意整我們的，但他只能尷尬的配合著。捉弄完我們之後，又叫老公抱我上床，然後把門反鎖，在外面噗嗤噗嗤的笑著。躺在床上，我不敢直視他眼睛，望著天花板，老公折騰了一天，他翻身親吻我的臉頰，說：「I love you.」

遇見他是我最美麗的意外

當一個美麗的新娘，是每一個女人的夢想，當然我也不例外。老公來臺後的一個星期，我們決定去拍婚紗照順便宴客，讓好朋友來分享我的喜悅，於是我們去找婚紗店。沒想到新竹大大小小的婚紗公司都沒有無障礙空間或電梯，很不方便，因為每一層樓都有不同的場景，總共五樓，又要換禮服，拍照時必須一樓又一樓的抱我上去，更別說要到外面拍風景照了。

我當時很生氣，心想難道身心障礙者都不用結婚拍照的嗎？一開始我真想放棄，因為自己的不方便，處處都要麻煩別人，當下真想哭。我哀聲嘆氣著，老公看我失望的表情，他自告奮勇的說：「我來抱妳上樓，誰叫妳是我的老婆呢！我們可以慢慢拍，拍一個星期也沒關係。」

由於對四肢癱瘓者來說，穿婚紗可是一件大工程，因此我請看護稍微有點耐心，幫我換五套禮服。她開心的說：「沒關係！我幫妳，女人一生只有一次，妳放心的當個漂亮新娘吧！」有了他們的協助，我欣喜極了，於是就安安心心的保持最漂亮的臉蛋，等待拍婚紗照囉！

有了他們兩個人的配合與協助，我一定要挑戰這個不可能的任務。我們找了一家還不錯的婚紗公司，洽談細節以後，約定好拍照的時間，並和化妝師溝通，請她到樓上幫我換髮型以及補妝。拍照當天，攝影師也一級棒，一邊拍照一邊說了好多笑話給我們聽，讓我們笑容不會太僵硬。有了婚紗公司的充分配合，和老公、看護的幫忙，婚紗很順利的在一天內就拍完了。看看時間，我們整整拍了十幾個小時，但老公的臉上卻看不到一點倦容，還樂不可支呢！而我也沉浸在幸福的氛圍裡。

一方面，我著手找餐廳、印喜帖，準備宴請我的好朋友。在家人的幫忙之下，很快的在短短一個星期內，完成了訂餐廳、發喜帖，連婚紗照都趕出來了。我們在竹北的一家無障礙餐廳宴客，並且請了好多殘障朋友一同前來分享我的喜悅。

喜宴當天，我請當時的新竹縣縣長鄭永金先生擔任證婚人。每一位脊髓損傷朋友都包紅包給我當賀禮，但是也都開玩笑說：「雅萱，妳老公這麼帥，明年如果離婚了，紅包要加倍奉還喔！」

我狠狠的瞪他們一眼，心想難道我們的婚姻這麼不被看好嗎？不過因為有很多正常人與身障者結婚後，幾乎很快就離婚了，因此我也陷入不安當中。但是看著老公笑得好開懷，我相信他會對我忠貞一輩子的。而他也因為聽不懂中文，一直被消遣、猛被灌啤酒，只能笑嘻嘻的無言以對。

而我更是自顧不暇，忙得不可開交，根本沒辦法幫他，因為一下要換兩套晚禮服，還要招呼客人，結束宴客後又要在餐廳門口送客，幸好家人都來幫忙。結束後已經晚上十一點多了，回到家我已累得連卸妝的力氣都沒有，倒頭就呼呼大睡。

這讓我更加深信他是爸爸派來的天使，不論發生什麼事，只要能和老公在一起，世界都會變得美好。因為我深深的愛著他，相信遇見他是我這輩子最美麗的意外！

我不再是個充氣娃娃

當喜宴順利辦完後，有一些不好的傳聞迅速傳到我耳裡，好多朋友都不看好我們的婚姻。有的人說我拿終身大事當試驗品，也有人說我老公是為了我的錢才和我結婚，甚至說我娶了一個外籍老公，超級難聽的話我都聽過。當下的心情很受傷，也讓我不免懷疑，這段婚姻到底能維持多久？我不禁感到徬徨。

老公雖然和我相處不久，了解對方不多，也許是因為閃電結婚，所以我們可以先從相愛到相處去慢慢摸索，以了解他需要什麼，我需要什麼。即使閒言閒語不斷，但我想管它三七二十一，先愛了再說，就由他們去胡說八道吧！只要我們真心相愛就好，反正老公聽不懂中文不會太難堪。很快的，我把這些話都當成耳邊風。

情人們最甜蜜的時光，多半是剛交往的日子，因為正處於熱戀當中，我和老公正是如此。結婚一個月後，看護因為簽約到期要回菲律賓休息三個月，這正好考驗老公是否真心愛我了。在他來臺的第一個星期，我便把資源回收的工作交給他做，他也由一個電器工程師搖身一變成了貨車司機，我還真害怕他沒有辦法承受這麼大的壓力而離開我。

當看護一回去菲律賓，我一開始很不習慣，因為吃、喝、拉、撒，連晚上翻身都得靠老公，我怕他太累了會後悔不要我。沒想到是我想太多了，他怕我跟著他工作在貨車上坐太久會有褥瘡，建議我早上去協會，在那裡有總幹事陪著我，中午他會送便當過來，餵我吃完飯後才又去工作。傍晚五點左右他會來接我，把我抱上貨車，再把輪椅收好，每次看著他累得上氣不接下氣喘噓噓的，心裡相當愧疚！

而我每天早上要洗澡、排便，每當脫光衣服一絲不掛在他面前，我還是很害羞，雖然我們已經結婚了，但是要他幫我刺激肛門，還是讓我覺得很羞愧，真想找個地洞鑽進去。我不好意思的說：「真是難為你了，當我的老公真可憐，要幫忙我處理大小便。」

但他卻一臉輕鬆又帶點玩笑的說：「無所謂，這是我應該做的，妳如果覺得不好意思虧欠我的話，妳就以身相許好了。」我被他的話逗得笑呵呵，我所擔心的問題真是多餘的。

洗完澡後，他從浴室便盆椅將我抱起，走向房間輕柔的把我放在床上，我看見他的眼裡坦露著愛意，他的吻和愛串落在我身上，我們在愛中結合，不用關門，更不用擔心有看護在旁。他甚至為了配合我，和我互相研究，嘗試著互動，讓我好害羞。我感受到如此真誠無礙的兩性交歡之樂，覺得我和他是如此契合，這更讓我覺得自己是個真正完美的女人，在他懷裡只為他展現美麗與性感。

之前我一直覺得自己有缺陷，深怕無法滿足老公而排斥行房，或是找藉口拒絕。因為行動不方便，看護都隨時跟在旁邊，讓我覺得更不好意思，現在趁她回菲律賓，才讓我有機會體驗房事的樂趣。更讓我對自己重拾信心，從此也不再害羞，不再拒絕他了。

所以婚姻的基礎是靠相愛，妳的另一半會為了愛妳而不惜付出一切代價，讓對方幸福快樂，更讓我欣喜若狂的是，我可以大聲告訴脊髓損傷的女性朋友，我們即使脊髓損傷，也可以正常做夫妻之間的事，相愛之下，不再是不會互動的充氣娃娃了。

感謝上蒼給我特別長的新婚蜜月期，在沒有看護的三個月當中，我們相處的很愉快，完全沒有口角之爭，沒有一絲一毫的嫌棄，沒有一句刺激或傷害我的話，讓我覺得他能無怨無悔的如此陪著我，下半輩子終於不再孤單害怕。

我有了

幸福的時間總是覺得特別短，三個月很快就過去，看護也如期回臺灣了。這樣就能減輕老公的負擔，不然他又要照顧我又要工作，如今可以專心打拚了。不過我也有點希望她不要回來，這樣子老公才會二十四小時留在我身邊。

由於他在臺灣沒交什麼朋友，每天總是早出晚歸，有空就待在家陪我，這樣的生活讓我覺得特別滿足。我一直認為自己當初的選擇是對的，不可能會像朋友說的那樣淒慘，「離婚」二個字不會落在我身上。

日子匆匆的過去了，結婚未滿一年，我漸漸覺得看護煮的菜不合我胃口，開始常常挑剔她，叫她直接買外面的食物就好。她忿忿不平的說：「我煮了六年的菜，妳都沒嫌棄，為什麼現在會嫌我煮的不好吃，妳是懷孕了嗎？一天到晚要去外面吃。」

我說：「不要兇巴巴的，只是現在想吃點不一樣的口味而已啦！」

被看護這麼一說，加上最近下體不知道什麼原因經常流血，因此老公建議我去看一下婦產科。最初我都拖拖拉拉的，以為自己只是經期太長而已，後來因為天天都這樣血流不止，終於忍無可忍只好請他們帶我去檢查。

隔天一早，我在老公和看護的勸說之下，去了朋友介紹的婦產科醫院。護理師叫我躺下來，看護把我的褲子拉下，接著護理師在我肚子上擦了一些潤滑劑後，請醫生過來，她拿了掃瞄器在我的腹部來回檢查，然後語出驚人的說：「妳懷孕了喔！」

我出乎意料的回了一句說：「怎麼可能？我又不會懷孕，醫生妳確定嗎？是不是看錯了？我不相信，妳肯定檢查錯了，妳再仔細看一下電腦，是不是有問題啊？」

她看著我錯愕的表情，便把電腦螢幕轉過來讓我看，並說著：「妳自己看，都已經九周了。」

她的手一邊移動滑鼠，一邊專業的解說：「妳看，這是小孩子的頭，他的手，還有他的腳在這裡。」

我心裡又驚又喜，然而我真的看到了，我竟然會懷孕，我有小孩耶！當時如果我會走路，一定馬上跳起來！婚前跟老公說我受傷的情形很嚴重，可能無法幫他生小孩，他回我說：「我家兄弟姊妹很多，等到經濟許可領養一個就好。」我當下也同意他的說法。

不過心裡還是懷疑醫生說的話，一時也不知道該如何接話？醫生接著說：「電腦顯示妳確實有了，妳會流血是因為原本懷有兩個寶寶，一個已經流掉了。如果再不小心，這個也有可能會流掉。我先開安胎藥給妳吃，下個星期再來。」

看護一聽到醫生說我有了，馬上打電話通知在樓下等候的老公，他也感到非常驚訝，和我一樣不相信。不過可別高興的太早，因為更慘的在後面，醫生問：「妳怎麼坐輪椅？」

我把車禍的情形告訴她，並跟她說：「我吃了將近十年的安眠藥、止痛藥、軟便劑，還有反射抽筋的藥，我的小孩不會有問題嗎？」

她的回答簡直讓我不知所措！她慎重的告訴我：「這樣子妳最好還是不要生，我勸妳拿掉，因為怕基因有問題，小孩生出來怕四肢不健全，會造成妳更大的困擾，而且妳全身癱瘓，對妳來說懷孕是一件很辛苦的事情。妳會很累，也有可能會造成生命危險，我勸妳找一間比較大的醫院做人工流產。」

聽完之後，我像是洩了氣的皮球，心裡想著，反正生小孩這件事也不在我和老公的生涯規畫裡。看診結束後，看護推我下樓，我把醫生說的轉述給老公聽，只看他眉頭深鎖，一句話也沒有說，我的心情則是跌到谷底，萬般無奈的長嘆一口氣。

我心裡想著：「正常的夫妻有了小孩都是開心得不得了，滿懷希望等待著新生命的降臨，有的人沒辦法懷孕，甚至用盡各種辦法，無所不用其極的做人工受孕，或是尋找偏方，吃藥、打排卵針受好多苦。而我好不容易有了ＢＡＢＹ，卻是那麼的不幸，我要聽醫告的話拿掉嗎？好不容易才懷孕，真的要拿掉嗎？」

我的心裡不停掙扎著。

12 和無緣的寶寶掰掰

從醫院回家後，老公一直沉默不語，我按捺不住大聲咆哮：「我有了小孩，醫生說我吃太多安眠藥了，不能生怎麼辦？」

他突然丟出了一句事不關己的話，讓我聽了揪心刺痛，他說：「聽醫生的話拿掉小孩好了。」

他怎麼能說這麼不負責任的話，這是我們愛的結晶啊！我心裡罵著王八蛋，我恨他的懦弱，遇到事情不會處理，當初為什麼和他結婚，我真是個大笨蛋。整個晚上我都不和他說話，而他也不理我，我也吃不下飯。直到晚上八點吃安眠藥的時間到了，看護問我要不要吃？我猶豫著搖搖頭告訴她說：「以後都不要再吃藥了。」

因為我的心裡暗自決定要把孩子生下來自己養，根本就不需要靠他。但是在沒有吃安眠藥的情況下，我幾乎每個小時就要叫看護幫我翻身。

天亮了，老公先是不動聲色，輕輕走到我的床邊坐下，我想他是良心發現後悔了。

他小聲的說：「我想了一個晚上，我不想冒險，妳已經坐輪椅了，我不想多一個智障或是沒手、沒腳的小孩。我帶妳去別間婦產科檢查，確定看看是不是有問題，再做打算好嗎？」

我們找了一間剛開業不久的婦產科，我想這間新開的醫院，醫生一定很厲害，他會想辦法把我的寶寶留下來的。我們在那裡坐了好幾個小時，當護理師叫到我的名字時，忽然覺得自己好像等著被判刑的人一樣，而診間裡的醫生就是法官。看護緩緩把我推進去，我的心裡充滿焦慮與不安。

這位酷似法官的醫生好年輕，當我把情形告訴他之後，他甚至不做任何檢查，便毫不猶豫地直接宣佈我的死刑：「妳不能生，要拿掉小孩！因為會缺手缺腳。」

頓時我覺得他真缺德，根本是一個蒙古大夫，我叫看護推我出去，推到一半醫生叫住我說：「羅小姐，我這邊有人工流產的設備，妳今天要不要順便拿掉呢？」

我氣得差點沒去撞牆，於是搖搖頭暗示看護趕快推我出去，離開這個黑暗又黑心的鬼地方。我心裡詛咒著：「你這個死庸醫！為了賺錢可以枉顧人命，連基本檢查都沒有，就叫我拿小孩，希望你的醫院很快就關門大吉！」

回家後，我終於忍不住嚎啕大哭起來。但是我仍然不死心，因為好不容易才懷孕，我一定要再去另一間婦產科詢問看看。

不用說，當天晚上我又失眠了。

隔天一早，我們又換了一家有名的婦產科，醫生做了檢查後，也看了我帶去的安眠藥，他的話再度讓我跌入萬丈深淵。醫生說：「妳不能生，會有缺陷，可能會少一隻手。」一聽了這結果，我忍不住悲從中來，當場痛哭流涕。醫生建議我去臺大醫院動手術會比較安全，因為設備完善，如果拿小孩中途休克，也比較方便急救。

回家後，我的身體因為兩天沒睡好覺，整個後背痛得不得了。老公也勸我不要生了，他說：「沒小孩也沒關係，我依然愛妳。」

但是我說：「沒有小孩這個家就不完整了。難道坐輪椅，就不能享受天倫之樂嗎？」

唉！人生的荒謬莫過於此。老公分析了好多道理給我聽，最後我屈服了！答應他為了不讓他擔心，隔天就去臺大醫院做人工流產手術。那天晚上，我吩咐看護煮了麻油雞給我吃，也吃了安眠藥。反正明天就要和無緣的寶寶掰掰，當晚我一夜好眠，因為我不再有壓力了。

要不要拚拚看

今天就要到臺大醫院拿掉小孩了，掛號之後，我靜靜的坐在婦科門診室外二樓的長廊，排了滿滿的椅子，旁邊有小兒科診所，有小朋友的遊戲間，有一對一對的夫妻等著產檢。有小孩哭哭啼啼，也有小朋友在遊戲間嘻笑、追逐。而我孤單的和看護四眼對望，沒有說話，我呆若木雞地坐在輪椅上，等著任人宰割。

想著無緣的寶寶即將離開我，心裡的難過、傷心、悲痛無法形容，整個心亂如麻糾結在一起，而老公不想面對殘忍的事實，只得留在樓下等我。直到護理師叫到我名字：「羅雅萱小姐請進！」我心想，反正是伸頭一刀、縮頭也一刀，速戰速決吧！我開著電動輪椅進去，心中無比淒涼！

前面有好幾位醫生都說過一樣的話，我也不再囉嗦了！我直接告訴鄭醫生，我想請你幫我做人工流產手術，可以排時間嗎？鄭醫生說：「妳懷孕了！有結婚嗎？妳的老公有陪妳來嗎？」

我點一點頭，並且把前三位醫生診斷情形做了報告後，他請護理師讓我平躺下來，看護抱著我慢慢躺下來，拉上布簾，視線剛好停留在電腦前。她幫我解開鈕扣拉下褲子，醫生拿了掃瞄器在我腹部來回仔細檢查。

他專業的說：「妳看，這是寶寶的手，這是寶寶的腳。九周還看不出男的女的，我們順便聽聽他的心跳聲。」

我當下聽到寶寶的心跳聲「砰！砰！」的響著，這是我人生第一次聽到小孩的心跳，是那麼強而有力。很奇妙的，我的眼淚不由自主流了下來，眼淚沁濕我的頸部衣領，當下我完全崩潰了，難道這就是母子連心？

我顧不了護理師一直看著我的窘境，崩潰失聲的一直哭，眼淚不斷直流，護理師不忍的遞面紙給我，幫我擦拭眼淚。三、四天的煎熬一次獲得釋放，心裡也氣前面的三位醫師，為什麼沒有給我聽寶寶的心跳聲，我恨得牙癢癢的。

等我整理好衣褲，鄭醫生語重心長的說：「羅小姐，要不要拚拚看不要拿掉，以前我也遇過這樣案例，寶寶生下來也很健康。不要擔心，五個月時妳來做羊膜穿刺檢查，如果基因不正常，我再幫妳做人工流產手術好嗎？」

他還說最壞的打算小孩子頂多兔唇而已，何況現在整形很先進，同時也跟我說明了做羊膜穿刺的過程。鄭醫生的話像是一劑強心針打在我心上，看護擦拭我的眼淚說：「不要再哭了！我們把好消息告訴妳老公。」

我做夢也沒有想到，就如同大赦一樣，突然被洗清冤枉而釋放出來，猶如從地獄到天堂一般。我向鄭醫生點頭如搗蒜的連連稱謝，也拿到了一本媽媽手冊，還預約下個月的產檢時間。

到了樓下，我興奮的告訴老公醫生說的話，他不太相信的點點頭，表情卻依然不屑，看不出他有一絲絲高興。唉！管他的，他哪懂我即將為人母的心情呢？我心裡暗自欣慰，也祈禱著。

回家後，因為我不能再吃安眠藥了，所以每天失眠，老公跟看護輪流十幾分鐘就要幫我翻身，而我卻因睡不著，身體痛得不得了。但是為了寶寶，我強忍著不哭，我願意為他受苦受難犧牲一切，也要保住我心頭的一塊肉，因為我實在太愛寶寶了。

我這一生中，對鄭進和醫生的感激，除了謝謝之外，不知該如何表達我對他的感恩。是他讓我有了健康的兒子，讓我有當媽媽的機會，讓我有了充滿活力的人生，有活下去的動力以及目標。

記得兒子十歲的時候，我和老公帶著兒子買蛋糕到臺大醫院，專程去謝謝鄭醫師，兒子還寫了一張卡片，當場念給鄭醫師聽呢！內容是：「謝謝您給我媽媽的一句話拚拚看，才沒有把我拿掉，要不然也就沒有現在的我了，感謝您，鄭醫師我愛您！」

當場鄭醫師聽完後，感動的落淚了，我們還一起吹蠟燭、吃蛋糕、唱生日快樂歌，還有記者到場採訪這段感人的故事，連記者聽到都淚汪汪了。後來我提醒兒子，每年的生日，都要記得這一位賜予你生命的大恩人喔！

13 失而復得的寶貝

有些媽媽在懷孕過程會害喜、會嘔吐，我卻食欲大增。早上六點，就吵著看護要吃第一餐，而且往往嘴裡正吃著時，心裡就想著下一餐要吃什麼。懷孕期間，我一天要吃六餐，好滿足喔！我除了吃之外，什麼都不用做，對我來說，真是既興奮又幸福。

產檢的時間很快到了，鄭醫師的患者很多，但是他會體恤我坐輪椅，吩咐護理師讓我先看診，免得我久坐不舒服。鄭醫生說：「才三個月，還看不出來是男是女。」只交代要我放輕鬆，不要太緊張，一切順其自然就好。

等待做羊膜穿刺的時間還很長，我為了不要胡思亂想，會去逛百貨公司，看看小寶貝所需的東西，喜歡的我就買，如紗布衣、奶瓶、澡盆、小玩具、孕婦裝，還有像布袋一樣大的內褲……等等。

老公總會潑我冷水說：「都還沒確定是否正常！妳不要亂花錢。」

諸如此類的話讓我聽了很不舒服。為了讓老公啞口無言，我每天都會摸著肚子，告訴小寶寶說：「你要加油！千萬要健健康康，不要讓我失望。媽媽很期待你的來臨，好讓這個家更完整。」

五個月到了，做羊膜穿刺的時間終於來了，我和老公都懷著忐忑不安的心，到了醫院二樓心電圖檢查室。老公和看護一人抱上身、一人抬腳，輕輕的把我放在病床上。鄭醫生拿著十幾公分的針筒，插入我微微凸起的腹部上，我抽搐了一下。很快的，鄭醫師抽了有一點混濁的羊水上來。囑咐我說：「平躺一下再起來。」

然後一如往常的開安胎藥給我說：「兩個星期報告就出來了，我再通知妳。」

我一聽到還要兩個星期，哇哇大叫說：「還要等那麼久的報告喔！我已經快等不及了啦！」

隔天，老公回菲律賓探視婆婆。眼看著他的車開走，我的眼淚也不聽使喚地流了下來。心情也陷入天人交戰，因為我必須一個人獨自承受檢查結果。可是我這急躁的個性那受得了等待？我緊追不捨，天天打電話去醫院詢問結果，鄭醫師總是要我忍耐幾天，不要著急，而我卻始終耐不住性子，每天都打電話去醫院吵著要報告。

鄭醫師受不了我天天的奪命連環ＣＡＬＬ，提早請臺北把資料傳真到新竹醫院，終於讓我等到了結果報告。我在電話這一端，心跳急促的聽到鄭醫師說：「報告已經出來了，但是當天還有一位產婦也做了羊膜穿刺，妳們兩位的基因都很正常，不過一個男孩、一個是女孩，我沒看清楚妳的是男孩還是女孩喔！妳打電話去辦公室問護理師比較清楚。」

我連忙謝謝鄭醫師後匆忙掛上電話，再撥了辦公室電話，對方接起電話後，我趕忙說：「我叫羅雅萱，請問羊膜穿刺是否正常？我懷的是男孩？還是女孩？」

護理師溫柔緩慢的語氣，讓我急的像熱鍋上的螞蟻，她說：「等一下，我看看報告。」

我的心隨著電話的保留聲七上八下，經過許久的等候，電話那頭再度傳來護理師的聲音：「喂！羅小姐，妳的基因正常，確定是男孩子。」

此刻我心中的罣礙及擔憂終於在捱了五個月後得以放下，我長長的嘆了一口氣，心裡感到無比舒坦，眼淚也不知不覺的流下來。

電話掛上後，我興奮地和看護分享，她抱著我哭著說：「我要當奶媽了，好開心呀！」

原來她視我的小孩如己出，也希望我能順利平安的生下健康寶寶。看她流下欣喜的眼淚，我也被她的情緒所感染，一直不停流下心滿意足的眼淚，二個人緊緊擁抱在一起，這真是天大的好消息！

「哈！哈！」我得意的笑著。

擁抱下一分幸運

報告一切正常，我更加肯定老公就是我的真命天子，這是上蒼賜給我最珍貴的禮物。我摸摸肚子說：「寶貝，只要你健康，無論媽咪多累多苦，一切都值得。」

我的眼眶再度泛紅。我迫不及待的打國際電話給老公，和他分享這份喜悅，我激動的告訴他，檢查很正常，一方面也不忘吊吊他的胃口說：「你喜歡男孩？還是女孩？」

起初他回答：「男孩女孩一樣好，只要沒有問題就好。」

直到要掛電話時，他終於忍不住的問：「BABY 是有帶槍的嗎？」

我心中暗爽，卻假裝聽不懂跟他說：「沒有帶槍，但是有『EGG』。」他得意洋洋的說：「妳看我百發百中呢！」我聽的出來，他的聲音語帶著欣喜落淚的感覺。老公本來打算回菲律賓兩個星期，沒想到隔天就意外出現在我眼前，更讓我深信小寶貝來的正是時候，沒想到他的魅力竟然如此大，可以讓老公義無反顧的馬上飛回來臺灣陪我。我應該更小心翼翼的保護他，因為小寶貝是我的護身符，今天對我來說，真是意義非凡的一天。

自從確定寶寶正常之後，老公對我更加體貼，想要什麼就有什麼，也更加細心呵護我，態度有了一百八十度的轉變。隨著我的肚子越來越大，我也變得越來越會吃。電腦螢幕上也顯示小寶寶的手、腳，還有「小弟弟」都好清楚，心跳也好強，是個健康的小子。看著他安安穩穩的睡在我肚子裡，心裡真有一種用言語文字也敘述不出來的滿足，而老公臉上更有著隱藏不住要當爸爸的喜悅。

我的體重因為懷孕直線上升，壯的像一隻大象，由於雙腳變得又大又腫，洗澡時都要兩個人抬才抬得動。懷孕七個多月時，寶寶他會踢我，時而在肚子右邊，時而在左邊。好笑的是，我在看電視時，當我把遙控器放在肚子上，他會一直踢，遙控器也會左右搖擺，好像他也在跟我一起看電視，隨著音樂在肚子裡跳舞呢！

坐在輪椅上，有時候會上氣不接下氣，頭暈得不得了。洗澡時更是辛苦，都要帶上氧氣罩，不然不能呼吸。我問了鄭醫師原因，他說這是正常現象，因為寶寶六個月後就會和我共用氧氣。

因為肚子實在越來越大，我必須乖乖的待在家裡，老公交代看護絕對不能讓我出去。有一天我看天氣暖和，拜託看護讓我出去十分鐘，十分鐘就好，並請她不要告訴老公。我很開心地開著電動輪椅到處閒逛，到了巷口時，也許是太久沒有曬太陽了，突然感到一陣暈眩，接著我輪椅的輪子竟然掉進坑洞裡卡住而傾斜一邊，我的腰部因為沒有力量，身體跟著歪了一邊，我用盡所有力量想要起來，但是就是起不來。

我趕緊招手請路人幫我把身體拉正，但是每位路過的人看到我都逃之夭夭，彷彿就像看到瘟神一樣。還好看護因為等不到我回去，急著出來找我，才把我拉了起來，還害我招來老公大罵一頓。

鄭醫師特別交代，排便時如果因為用力不當，導致寶寶不小心掉下來也沒關係，只要把他洗乾淨，不要剪斷臍帶，趕快送來醫院就好，不要太擔心。我的腰部變得好瘦，也分不清是要上廁所還是要生了，看護很害怕，勸我在床上解決，因為她怕小孩真的會掉下來。因此每天排便時都會令我哭笑不得，因為兩腳張開開的，好像是隻癩蛤蟆，實在醜爆了！

老公會利用空閒時間帶我去買嬰兒用品，然而我的肚子越來越大，睡覺時翻身很辛苦，他也貼心的買了小枕頭讓我墊在肚子下面，讓我舒適睡覺。老公自從我懷孕後，都打地舖睡覺，免得踢到我。而且每天都提早回家陪我，說一些甜滋滋的話，嘴巴像吃了蜂蜜似的。我感覺懷孕真好，多麼希望時間停留在這一刻，我是全天下最幸福的女人了。

確定寶寶正常後，老公就急著幫他取名字，但是因為老公還不能辦臺灣身分證，必須要去移民局申請無犯罪紀錄，再從百家姓找一個喜歡的姓氏，才可以幫兒子取名字。而剛好老公的菲律賓姓氏比較特殊，是百家姓中沒有的，這讓老公氣得跳腳，還大呼麻煩，大罵莫名其妙。我說：「反正寶寶還沒出生，慢慢取名字不要生氣。」

老天爺實在太眷顧我了，我期待擁抱下一份幸運！

14 這輩子的驕傲

我因為受傷的部位太高，自己無法用力生產，鄭醫師要我看好日子進行剖腹，而家人也希望我能在身體最健康的狀態下生產，所以就挑選在三十七周的早上安排手術。而我也期待著小寶貝的降臨，因此努力讓自己的身體保持最佳狀態。

我驕傲的日子終於到了，因為寶貝即將誕生，我將升格媽媽，這是我受傷以來最雀躍的一件事了，於是決定先去大吃一頓。下午四點，老公幫我辦妥住院手續後，就帶我去醫院附近吃牛排。我貪心的點了兩客大餐，一邊吃一邊摸著肚子，告訴寶寶要多吃一點，因為明天媽媽要看到又白又胖的你喔！

那天晚上也睡得特別好，讓我養足了精神。隔天早上六點，護理師來做準備進產房的工作。八點我準時進入產房，看護看著我被推進手術室，緊張的追問護理師：「請問我的老闆娘幾點鐘會出來？」

護理師回答九點左右，便推著病床往手術室走。我望著一排排的日光燈，既興奮又期待，我轉頭看看護理師，護理師笑笑說：「放輕鬆，很快就會看到妳的小寶寶了！」

進到手術室，醫生及護理師七手八腳用推板把我拉到手術檯上，麻醉醫師跟我說：「我要麻醉妳的下半身，麻煩妳側身一下，我要把麻醉劑打入妳的脊髓裡。」

我回答：「我不會翻身，可能要請護理師幫忙。」

只見好幾個護理師，翻著我龐大的身體，因為身懷六甲的我，已經胖到八十二公斤。過了半小時，麻醉藥打不進去，只好請麻醉科主任親自出馬。十幾分鐘後主任來了，他檢查著我的身體說：「妳的脊髓有一點側彎，所以不好打。」

他摸索了老半天，終於打進去了。但時間已經過了一個多小時，我都快冷死了，接下來就是重頭戲了。我急著問醫生，要多久才會出來呀？鄭醫師說：「差不多五分鐘左右，等一下肚子會有一點拉扯的感覺，但是妳不會痛。」

當下只聽到醫師和護理師愉快的聊天，談些昨天去某人家烤肉，有多好玩之類的話。我當時心裡想著，你們怎麼可以在這麼緊張的氣氛中談笑風生呢？整個剖腹過程中我緊張的都快哭出來了。現在想一想，也許他們是在幫我消除恐懼和不安，讓我不要那麼害怕吧！

過了五分鐘之後，終於聽到了小孩的哭聲，「哇！哇！哇！」的聲音既清脆又響亮。因為老公是菲律賓人，我擔心小孩的膚色會黑黑的，因此我等不及的問護理師：「請問我的小孩是黑的還是白的？」

她回答說：「別緊張，等一下給妳看。」

我又接著問：「請問是男孩還是女孩？」

雖然知道之前做羊膜穿刺檢查確定是男孩，但還是忍不住想問清楚。護理師還是輕鬆的回答：「等一下給妳看。」

但我的心裡好著急啊！等到寶寶擦洗乾淨了，護理師把他抱到我面前說：「寶寶，你看看你媽咪好辛苦、好勇敢，你要乖乖的聽話喔！」

一邊說著，一邊給我看了「小弟弟」，確定是個男孩。還當著我的面幫寶寶套上小手環，上頭寫著「羅雅萱」三個字，這證明小孩千真萬確是我的。

當下我好激動，我看到寶貝奮力想睜開雙眼看看我，也急著想看看這個世界。長長的睫毛像極了他爸爸，紫色的皮膚，額頭上皺皺的像個糟老頭。此時我早已經熱淚滾滾，臉上洋溢著當媽媽的喜悅，這種感覺真是太美妙了！

還要餵奶啊？

當寶寶抱出產房後，原本推我進來的病床不見了，因為我四肢癱瘓又剖腹，無法坐輪椅，醫師交代一定要躺著，沒辦法，我只好等了。等了將近半小時，才把我的床找到，真是謝天謝地，因為一直待在手術房裡實在非常冷。

當護理師把我推到手術室外時，只見看護早已泣不成聲，我問她怎麼了？她說：「妳進去手術室整整兩個小時，我都急死了，寶寶已經出來一個多小時，我以為妳在搶救當中而死了，護理師小姐先前跟我說一個小時的，她騙我。」

看她哭得像淚人兒似的，我把情況告訴她，她才放心。因為她照顧我好多年，從我創會、結婚，到懷孕、生小孩，她都全程參與，所以我們有著很深的革命情感。

到了恢復室，老公陪著我，我也因為麻醉藥的關係，吐了三次。老公擦拭我的嘴角，撥了撥我的額頭上垂下來的頭髮，親了我一下說：「辛苦了，我愛妳。」

聽到了這簡單的幾個字，再苦、再累一切都值得了，閉上眼睛好好的睡一覺吧！

等我回到病房，護理師便叫我去嬰兒房，我還天真無邪的問她：「去嬰兒房幹嘛？」

她說：「去餵奶啊！」

我說：「還要餵奶啊？」

原本以為只要把寶寶生出來就好，沒想到還要餵奶，這是我始料未及的。初為人母的我什麼都不懂，護理師便教我如何按摩胸部，讓乳腺打開。幸好看護很有經驗的拿了熱毛巾幫我敷在乳房上，還一邊按摩著，但是按了好久，一滴乳汁也沒有。老公比我慌張的說：「我來吸吸看！」

說著便把嘴巴湊過來，突然老公興奮地大叫：「流出來了！沒有甜，不好喝。」

看護回答說：「母乳本來就不好喝，有一點腥味。」

我笑得合不攏嘴，我們三個人相視而笑好開心喔！

到嬰兒房時手足無措，因為我的手沒有力量抱寶寶，更何況他全身軟綿綿的，我更不敢抱他，怕他受傷。於是老公拿了枕頭，試著放在我大腿上，把寶寶的頭輕輕放在我的手臂上，我抽搐了一下，因為小腹剛開完刀隱隱作痛，老公見狀趕快把手放在我的手肘上，幫我用力撐起，因為我的手好痠、好痛。寶寶似乎知道我不方便，他自己配合著尋找甘泉。

就這樣，我們三個人手忙腳亂了一陣子，寶寶終於吸到奶了。看到他嘴巴很自然的湊過來吸吮我的乳頭，心裡有一點激動，我真的當媽媽了，當下又流下欣喜的眼淚。老公望著我，看著他泛紅的眼睛，想必和我有一樣的感受，當爸爸感覺真好。

在醫院的一個星期，寶寶做了罕見疾病檢查，感謝上蒼的賜予，一切都很正常，連黃疸都沒有，是個健康寶寶，我和老公都感到相當欣慰。出院時，醫師說：「妳兒子只有兩千六百公克，是小了一點，但往後就要看妳的了，多吃豬腳花生，奶水會比較多。」

我們點頭感謝醫師，當初有他的鼓勵、支持和幫忙，我們才有了小心肝寶貝。回到家後，心中好踏實，想著一個新生命的誕生，將會使這個家更完整、更甜蜜，此刻我的家充滿了開心喜悅的笑聲。

坐月子——彌月之喜

接下來是坐月子的苦日子，整整三十天不能出門、不能洗頭。每天除了麻油雞之外，就是苦苦的紅菜，真慘！這就是臺灣的習俗，也藉由這個月，試探這個小傢伙會帶來多大的煩惱和驚喜！寶寶洗澡、換尿片都是由老公和看護來做，而我只負責給他喝母奶，我這個媽媽當的還真輕鬆呢！

白天我坐在輪椅上時，寶寶餓了，我就把輪椅專用的餐桌放在輪椅上，固定後綁起來，胸部則和餐桌平行，可以剛好讓寶寶側臥吸奶。但是他似乎不喜歡這個姿勢，喝不到奶水時會哭得很大聲，我聽到心肝寶貝哭了，自己也跟著他的哭聲慌張起來，因為我的手沒辦法支撐寶寶的頭，有時覺得自己真沒用！

看護也會著急說：「他沒有貼近妳的胸前，沒有安全感，所以他才不要吸。」

我告訴老公這種情形，我們研究好多方法都行不通，最後老公去找了一個又大又軟又特別的枕頭，像是他的大手臂，可以減輕我的手臂痠痛，枕頭斜放在我的大腿上，寶寶的頭則剛好放在我的手肘上，這個大枕頭替我減輕了不少壓力。看他滿足的吸吮母奶，這種感動真的要親身體驗，當了媽媽才能體會這種感覺，當下覺得自己好能幹喔！

到了晚上，我會側躺著把手臂抬高，和寶寶面對面，讓他的頭剛好放在我的胸前，側著身體吸奶。我的奶水很充足，喝完一邊，看護會幫我翻身，讓他吸另外一邊。肚子餓了他會自己找乳頭，好像是與生俱來的本能。

寶寶的抬頭紋好多，像極了一個小小老頭在吸奶，可愛極了！我也會唱歌給他聽，當他甜甜的睡著時，看著他熟悉的臉頰，似曾相識的表情彷彿前世就已經約好今生來母子相會。而另一個大寶寶（老公）也在一旁安穩滿足的睡著，這一幕甜蜜的畫面，讓我覺得好幸福。他們是我的獨一無二。

坐月子期間，我每天除了吃就是睡，不像其他孕婦生完小孩會做運動減肥。我也有情緒不好的時候，尤其老一輩的人都叫我不可以洗頭，讓我頭髮癢得不得了；洗澡時，看到肚子的肉一大團向下垂，腹部下方多了一道長長的疤痕，真是醜到爆！我的身材不再苗條，簡直像極了大母豬。

為了有充足的奶水讓寶寶吸，我沒有刻意減重，愛漂亮的我甚至不敢照鏡子。這一切讓我承受不了而大哭，我想我可能得了產後憂鬱症。

第一個倒楣的人就是老公了，我情緒不佳時會大罵：「都是你害的啦！害我變成一隻大母豬！」

他看我無理取鬧，也只能忍氣吞聲，不敢頂嘴，寶寶則在一旁似懂非懂的哭了起來。

老公慢條斯理的檢查他哪裡不舒服，看得出來老公心疼的不得了。我的心裡有著些許愧疚，雖然還在摸索階段，但我相信所有的新手父母都要學會傾聽寶寶的哭聲。

我暫且收起火爆的情緒，輕聲的說：「抱過來，寶寶餓了。」

老公幫我翻身側躺，解開我的扣子，把寶寶放在我的胸部旁邊，寶寶貪心地捧著我飽滿的乳房吸吮著，感覺我的溫暖和心跳。看著他那雙肥嘟嘟、一圈一圈肉肉的小手，以及滿足的小臉，頓時讓我把所有的不愉快都拋在腦後！

好不容易終於捱到坐完月子。洗完頭髮真是舒服極了，我迫不及待坐著電動輪椅，衝到外面曬太陽。憋了一個月，終於得到釋放，心情超級愉快。臺灣的習俗是滿月要請客，尤其是生男孩子，回禮時要送油飯、雞腿，另加一顆紅蛋，所以我們也準備幫寶寶辦滿月的雞尾酒會。

我們採用歐式自助餐的方式舉行，當天少不了一大鍋的雞酒，好多朋友看到寶寶，摸摸他的臉蛋，都說他長得好可愛、好帥，五官像爸爸，皮膚則像我，而我在旁邊聽的洋洋得意。

新竹縣的大家長鄭永金縣長，也帶領縣議員前來共襄盛舉，給足了面子，而記者也爭相採訪。縣長開玩笑的說：「再生個女兒，我包個大紅包給妳。」

我點頭直接問：「真的嗎？給我多少錢？」

他認真回答：「五萬元，可以嗎？」

親朋好友聽到了紛紛鼓掌叫好，逗得我們哈哈大笑！隔天各大報紙頭條新聞，斗大標題寫著：「脊髓損傷三十七歲高齡產婦！臺灣首例羅雅萱」我心裡喃喃自語，真討厭！為什麼要洩漏我的年齡，但也情不自禁地驕傲起來。

15 犀利人妻的反擊

自從受傷後，最得意的階段就是當上協會理事長，讓爸爸不再擔憂我，只是好景不常，老天卻奪走了我的爸爸；其次是我突然閃電結婚，是我得意的第二個階段；再來就是老天送我一個寶貝兒子，這在脊髓損傷的朋友裡面，我應該是最幸運的了，四肢癱瘓卻擁有一個幸福的家庭。只可惜天不從人願，祂又給了我另一場震撼教育——老公有了新歡。

跟他結婚的那一刻開始，我就下定決心要當個好老婆。然而事實是洗衣、煮飯、掃地這些最基本的家事我都沒辦法做，家裡頭瑣碎的事情都是看護一手包辦。連女人該做的事我都不會，也滿足不了他，而且我的生活起居都得仰賴他，靠他賺錢給我花用，還要支付看護的薪水，一切生活以他為主。

有好長一段時間他都沒有找我親熱，我試著主動找他，他竟然回答我：「以後我們都不要再親熱了，我覺得做這件事情真累。」

我聽到他的回答嚇了一跳！心裡想著，天啊！你跟我結婚的時候，就知道我註定一輩子坐輪椅了，當時怎麼不喊累？而且你還不到三十歲呢！搞什麼鬼啊？到底在耍什麼花樣？女人第六感直覺告訴我，他一定有問題！

當天晚上，我假裝若無其事的放過他，並暗自決定要觀察他的一舉一動。隔天，特地請看護幫我打扮一番，想要找回他剛認識我的那一份悸動。我約他到一家浪漫唯美的餐廳喝咖啡，並且試探他，沒想到他對我的態度非常冷淡和厭煩，一直逃避我的話題，甚至不想多看我一眼。

我直覺事態嚴重了，我必須趕緊處理才行，免得夜長夢多。但是我該怎麼做呢？我開始怨天尤人，為什麼全世界好與不好的事情，都讓我一個人遇上了呢？

回家後，我在鏡子前端詳許久，然後長長地嘆了一口氣，唉！難怪他對我感到厭惡，女人真可憐，如果美麗已不再像從前，感情便急速降溫。男人也真現實，我開始抱怨自己幫他生兒子幹嘛？只是苦了自己罷了。以前他追求我的時候，說我是個洋娃娃，但是現在，我在他眼裡已經是個老娃娃、胖娃娃了。自己的確應該好好檢討檢討，但是孩子還在餵奶階段，我不能為了恢復身材馬上減肥。

連續好多天心情都糟透了，而且寢食難安。每次只要看他開車出去，我就開始心慌意亂、胡思亂想，深怕他會做出對不起我的事。記得結婚時，大姊曾叮嚀我：「正常的女人結婚都要睜一隻眼閉一隻眼，何況妳坐輪椅，更要把兩隻眼睛都閉起來。」

難道真的是這樣嗎？真的被朋友猜中我會離婚嗎？我要坐在輪椅上坐以待斃嗎？那我不是丟臉丟到家了？愛面子的我豈可容忍這件事發生，看護建議我找朋友幫忙跟蹤。

有一天晚上他要出去，我隱約聞到不一樣的香水味，看到他魂不守舍開心的樣子，覺得事有蹊蹺。於是當晚我請朋友跟蹤他，果然不出所料，他有了外遇。

朋友打電話跟我說：「妳老公剛剛載著一個長頭髮的女生往北的方向去了。」

我的心像自由落體般瞬間下墜，還伴隨著暈眩的感覺。我驚慌失措，不知該如何是好？心裡想著，之前那些口口聲聲對我的諾言呢？說好的幸福呢？你承諾照顧我一輩子的話，都已經隨著時間消逝了？兒子才七個月大，你就背叛了我……真是該死，當下真想殺了他。

朋友半個小時後打電話跟我說：「他們在車上交頭接耳，好像是在接吻。」

聽到的那一剎那，我簡直難以置信，他怎麼可以棄我於不顧？我按捺不住這幾天的煎熬與折磨，不由的燃起熊熊怒火，想要打電話給他，叫他給我一個交代。我朋友說：「不要衝動，我們要有證據！」

我回答：「我不能失去他，我兒子也會沒有爸爸，更何況好多人等著看我的笑話。」

正當猶豫不決時，朋友再度打電話給我，說我老公開車好快，他跟丟了。我的心七上八下、心跳加速，我一定要冷靜，我吩咐看護幫我倒一杯威士忌，讓我好好想一想。望著窗外正下著毛毛細雨，使我格外感到老公的無情無義。而我的內心裡更是掙扎，他的女友漂亮、年輕、會走路，有著健康的身體，我拿什麼跟她比？她會給他正常的夫妻生活，而我什麼都不能給他，我也配不上他。我自卑感又開始作祟。

犀利人妻的反擊

我的淚水如泉湧而出，我開始憎恨當初撞到我的人，我生氣、懊惱、痛苦，情緒輪翻而上，讓我瀕臨崩潰邊緣。眼淚滑落我的臉頰，鼻涕更是和眼淚摻雜著，而衛生紙就在旁邊，可是我連拿衛生紙的能力都沒有，頓時覺得自己一無是處，心情惡劣到極點。

我止不住的淚水，連腳也跟我作對似的不斷反射、抽筋，我的腦海不斷盤旋著，是誰剝奪了我的青春、我的快樂？是誰讓我不能穿漂亮的高跟鞋？讓我不能盡情跳舞？讓我不能再一個人上街購物？是誰害我不能端起最愛喝的咖啡？

連口渴的時候、即使一杯水放在前面也無法拿起，是誰害我癢的時候卻抓不到？是誰害我連最基本的翻身都不會？是誰讓我的身體不時疼痛不已，害我一輩子都要坐在輪椅上，讓正常人用異樣的眼光看我？是誰害我不能有自己的隱私、不能做自己想做的事情，讓我身邊隨時隨地都要帶個看護，讓我像初生的嬰兒般需要被照顧？是誰害我不能隨心所欲？是誰讓我不堪一擊、尊嚴掃地？

我的內心不停矛盾交戰，如果我愛他，是不是該成全他？還是默不吭聲做個傻瓜，當作沒有看到呢？我的情緒有如波濤洶湧，到底該如何挽救這岌岌可危的婚姻？幾杯黃湯下肚後，讓我的膽子變大，我想我該勇於面對，不應該選擇逃避。而且我對老公的愛也不輸外面的女人，於是告訴自己千萬不要再用殘障做藉口，這問題遲早還是要解決。

我想了一個辦法，我知道老公非常愛兒子，他不能失去兒子。我心裡想著，試試看以退為進的方式，也許能挽回老公的心也說不定。看著熟睡中的兒子，我發誓一定要他回心轉意，我用堅定的眼神看著寶貝兒子。

我鼓起勇氣打電話給他，故意溫柔的說：「你在哪裡？」

他很鎮靜回答說：「我在竹北朋友的家，十一點就回去了。」

我繼續說：「你叫你朋友聽電話好嗎？」

他騙我說：「他在廁所。」

我再也按捺不住了，我憤怒的聲音微微顫抖說：「你請旁邊的小姐聽電話。」

他有一點震驚、惶恐的回答：「我旁邊沒有人，真的沒有人。」

我怒氣沖沖的說：「今天晚上八點半在中正路口上車，一個身穿黑色外套，長頭髮的女人是誰？」

他極力否認，我終於忍無可忍大聲斥罵：「你今晚的所作所為，我已拍照存證了，你別再狡辯，回來辦離婚！」

我拆穿了他的謊言，他結結巴巴的回答我：「十五分鐘之內我就到家了。」

我感覺到他的驚慌、錯愕，這表示他的心還是愛這個家的，我臉上露出得意的笑容。

我叫看護把我的腳交叉翹著，手裡端著高腳酒杯，再把我的手指扳開，將高腳杯插入指縫中，使得高腳杯不會掉到地上，樣子看起來就像擺了一個大老婆的架子。

我輕輕的搖晃著威士忌，微微盪漾而沒有溢出來，我等待著負心漢回來，同時我對看護說：「我正沾沾自喜幫他生了一個寶貝兒子，他會更愛我才對，但是我卻忽略自己的身材已經走樣不再漂亮，變成了又胖又醜的黃臉婆。」

當我聽到他的車停妥的聲音，我的心加速跳著。我一口喝完手裡的威士忌，又吩咐她再倒一杯，好壯膽談判。我看他一進門就說：「我們離婚吧！是你對不起我，你怎麼來，就怎麼回去。」

我的語氣非常極度不友善，好像是個從不相識的陌生人。他解釋著：「她只是普通朋友，不是女朋友。妳不要胡思亂想好嗎？」

我帶著怒火回答：「我才不要聽你的狡辯，我車禍受傷後哭了三年，現在失去你，最多我哭三個月，因為愛情與婚姻沒有比我失去健康的四肢重要，你打擊不了我的！」我心虛的說。

看護也一直勸他說實話：「你不要欺騙你的老婆，她對你那麼好，你要珍惜她，難道你連兒子也不要了嗎？」

這句話正中他的要害。空氣隨著時間而凝結，過一會兒，他終於承認說：「她是我交往兩個月的女朋友。」

他這句話如當頭棒喝，像利刃般撕裂我對他的信任，我多麼希望他不要承認啊！我忍不住的追問：「你愛她嗎？你們有發生關係嗎？」

他搖搖頭說：「沒有。」

我不相信的說：「不可能。」

他又極力否認的解釋著：「我和她沒有關係，真的沒有……」

我聽不下去了，耳朵一直嗡嗡叫著，心裡咒罵著這一對狗男女，便開著電動輪椅衝進房間。他阻止我，我大叫：「不要碰我，離婚就對了！我大姊明天會來做見證人，兒子是我的，你去找外面的女人生。」

他看我沒流下一滴眼淚，想必鐵了心腸！連忙說：「對不起！我馬上和她分手。」

他拿起電話用菲律賓土話跟對方說：「我老婆已經知道了，以後別再聯絡了。」便匆忙掛了電話。

原諒與包容

他和看護在外面嘀嘀咕咕，也不知道他們談了些什麼。沒多久，看護拿了他女朋友的電話號碼給我，我怒氣未消而睡不著覺，靠在床頭旁邊，他走進來想安撫我。我說：「滾一邊去！」

他像是做錯事的小孩，縮在床的角落，一邊落淚一邊道歉說：「不曉得什麼原因？什麼環境？使我變成這樣，請妳給我一次機會，我不會再犯了！」

我聽他求饒，自覺占了上風，因此變得更加兇悍，趁機大罵他一頓，以消我心頭之恨。我像潑婦罵街的大叫說：「我是女人，又是當事者，我都沒哭哭啼啼，你哭個什麼屁呀！我就是對你太好了，什麼事都依你，處處為你著想，你才會背叛我。我那麼辛苦幫你生了一個小孩，你看我又老又胖就不要我了。幸好我還有兒子，我不需要你了，明天我們就離婚！」

他一直苦苦哀求著：「原諒我好嗎？小孩沒有爸爸會好可憐！我發誓絕對不再對不起妳。」

我看他的確是一時糊塗，後悔他自己的所做所為，心還是眷戀著這個家。人非聖賢、孰能無過，這幾乎是每一個男人都會犯的錯誤，而且我是真的沒有資格和他談條件，只有兒子才是我的籌碼，而且我知道自己也沒有辦法離開他。

因為我心裡仍然很愛他，所以選擇原諒他、包容他。我們談判徹夜未眠，我硬撐到了凌晨六點，看到他如此有誠意改過，又一再保證不會再犯，看著他一臉憔悴懊悔的樣子，心裡感到微微疼惜。我也趁他做錯事，把經濟大權拿回來，我開了兩個條件給他，他也都答應了。第一、以後如果再犯同樣錯誤，就無條件離婚，小孩歸我；第二、以後所有的錢財，都交由我管理。他無可奈何的點頭答應了。

折騰了一夜，最後他累倒在我的大腿上呼呼大睡，我打了通電話給那個女人，狠狠的說：「我是 Jerome 的老婆，我限妳三個月之內回菲律賓，如果再給我看見妳糾纏我老公，妳就麻煩大了！」

我用了簡單的英文恐嚇她，她顫抖的解釋著：「人沒有完美的，對不起……」

我馬上掛了電話，我才不想聽她的廢話呢！我在老公前面展現著，這就是大老婆的反擊。我戰勝了外面的女人，我贏了，而且贏得漂亮，心裡不由得佩服自己處理事情的方法。

打完電話，我請看護拿鏡子給我看，哇！我的臉像肉餅一樣大，眼袋浮腫，臉頰透出一層淡淡的青黑色，斑點呼之欲出，有著雙下巴，以及著虎背熊腰的身材，看起來像是個五、六十歲的老太婆。心裡想著，難怪老公對我性趣缺缺，連自己看了都會討厭，於是我下定決心該減肥、該保養了。

看著熟睡的老公，我請看護把寶貝抱給我，看他長長的睫毛，紅嘟嘟的小嘴，天使般的臉頰，聞起來有肥皂清香的頭髮，貼著肩膀甜甜的睡著時，覺得天地之大，幸福不就是我懷抱裡小小的溫暖！

16 踏出人生的第一步

兒子的一歲生日快到了，老公說菲律賓非常重視小孩生日，所以他精心設計了一場盛大的派對，把整個餐廳都包下來，還特地把婆婆從菲律賓接過來參加生日宴。

會場佈置的好可愛，讓我眼睛為之一亮，有好多好多各種顏色的氣球，有圓形的、有心形的，每顆氣球上面都寫著：「Baby,Happy birthday!」婆婆看到如此場景，感動的頻頻拭淚。

我雖沒有流淚，心裡也充滿無限感激，知道老公的用心良苦，了解他有多麼的愛兒子，也打從心裡原諒他之前的過錯。巧的是生日當天兒子竟然也不喝母奶了，改喝沖泡牛奶，他也剛好學會走路，踏出了他人生的第一步。

他不再需要人牽著手，大膽的放手自己走，想伸手去抓每顆氣球，展露他活潑好動的個性。他對周遭的環境滿懷驚奇，努力舞動小手、小腳，猶如初生之犢不畏虎一般，恣意的奔跑、跳躍、試探四周圍的樂趣。雖然跌跌撞撞，一會兒哭、一會兒笑，在餐廳裡肆無忌憚的為所欲為，但他似乎不以為意。

我又氣又心疼，因為他每一次跌倒，我都不能在第一時間去抱他。幸好婆婆機警，每一回都快速抱起他，所以沒有造成多大傷害。看著兒子，我突然恍然大悟，發現小孩有著與生俱來的探索能力，當媽媽的我就放手吧！讓寶寶盡情發揮他的天賦。

這場派對辦的很成功，我們邀請了一百多人，老公的朋友居多，有菲律賓人、有日本人、有美國人，還有我的朋友臺灣人，像是到了聯合國一樣。雖然大家互不相識，但笑容就是最好的國際禮儀，不是嗎？當天晚上，大家酒足飯飽盡興而歸，老公也拿著錄影機拍下每個人的身影，收穫最多的當然是兒子，他收到好多衣服和一大堆玩具，而我也省了不少買玩具的錢。

一歲多時，兒子開始長牙齒，也走得更穩了，不再跌跌撞撞。他開始牙牙學語，每天咿咿呀呀的，很好玩。老公工作的時候，只剩下我和兒子單獨相處，我會叫看護幫我把兒子抱到大腿上坐好，綁好安全帶，用電動輪椅載他到處逛逛。

我和老公打賭，看兒子會先開口叫爸爸還是媽媽，也許我與兒子朝夕相處，所以他先開口叫我媽媽，我感動的當場流下眼淚，當媽媽的滋味真好。老公一邊激動、一邊吃醋著說：「為什麼你先叫媽媽，快點叫爸爸，叫 Daddy。」

瞧他忿忿不平緊張的樣子，我笑翻了。看著兒子慢慢長大，手腳活動力也很正常，發展和一般小孩一樣健康，以前所擔心的問題也一掃而空，心裡感到很安慰。他開始亂塗鴉，把客廳及房間的牆壁當作畫紙，踮起腳尖，攀爬著沙發椅及床頭櫃，把牆壁塗得亂七八糟，原本白色的牆也成了世界奇觀。

此外，他似乎和電視遙控器有仇，他會把它拿去啃，口水全都流進去裡面，不然就是和遙控器爭風吃醋，不讓我看電視。他會趁我不注意的時候，把遙控器拆光，再拿去泡水，我氣極了。

因為我無法起來按電視頻道，一定要遙控器放在手上才方便，老公買了一個新的萬能遙控器設定好後，告訴兒子不要動媽媽的遙控器，否則要打屁屁。結果，隔天可憐的遙控器已經在洗碗槽裡面了，看護見狀大叫一聲：「你完蛋了，爸爸回來你就糟了。」

老公捨不得打他，又買了一個新的，這回他不但拿來啃，還把它拆掉再拿去泡水。最後家裡所有的遙控器無一倖免，全部都在澡盆裡面啦！因為他剛長牙齒，所以我幫他取一個綽號叫「破壞王」。我記得他一共破壞了八支遙控器！

滿兩歲時，他喜歡爬上我的電動輪椅上玩操縱桿，好奇的要操作，即使老公打他的小手好幾次，警告他很危險，他都不以為意。有一天，他又坐在我的大腿上，趁我和看護講話時，動了我的操縱桿。結果下場是撞到牆壁，他的頭撞了一個包，而我的腳趾頭也流了血，他當場嚇壞了，痛得哇哇大哭。我藉此機會告訴他：「你看媽咪好可憐哦！好痛呀！」從那次以後，他再也不敢動我的輪椅了。

三歲左右，他開始學會頂嘴，像個小大人似的管東管西。有一天我在使用電腦，他沒禮貌的一把搶走我的滑鼠，喊著：「換我玩了！」

我叫他還給我他不肯，簡直氣死我了。於是叫看護處罰他，把他關在門外二十分鐘，他哭得唏哩嘩啦，一直敲門，一把鼻涕一把眼淚的。他的哭聲好宏亮，我故意把電視的音量轉到最大聲，當然我也很心疼，但是子不教母之過。

二十分鐘之後，我叫看護抱他進來，我看到看護也紅著眼睛，便問她：「妳哭個什麼勁啊？」

她委屈回答說：「你的兒子是我一手帶大的，我捨不得他哭，更何況我下個月合約就要到期了，要回菲律賓了，我不想離開他。」

聽到這裡，我的心裡不免一陣酸澀，跟著她一起掉淚。心裡不免擔心，重新申請的看護不知道會不會像她一樣，那麼愛護兒子。

又有一次，兒子獨自在房間看電視，我剛洗完澡，看護把我抱到床上，還沒有穿衣服，我說：「弟弟，把窗戶關起來好嗎？媽媽還沒穿衣服。」

他回頭看看我，再看看窗外，又繼續看他的電視，回答我說：「是媽咪被看，又不是我被看，有什麼關係！」

看護聽了笑得合不嚨嘴，而我則是又好氣又好笑。心裡想著，你未免太早熟了吧！晚上和老公說今天發生的事，我們決定提早送他去讀幼稚園。

PART3
開創亮麗事業

17 等吃、等睡、等死

自從我和老公恢復感情之後，兒子也開始習慣上幼稚園了。老公為了兒子每個月一萬元的學費，以及我新來看護瑪莉的薪水，更加賣力地工作。但是經濟還是常常入不敷出，他便決定接手我爸爸過世後荒廢已久的橘子園來做做看。老公在菲律賓時是個電器工程師，來臺灣變成貨車司機，現在為了三餐餬口又變成農夫，真是難為他了！

他一早就回寶山鄉下，我因為不放心跟著他回去，而瑪莉中午便煮飯給他吃。三哥教老公如何栽種橘子、怎麼剪接樹幹、怎麼噴農藥、怎麼採收等等。每次看他穿著雨衣噴農藥，脫下來的時候連汗衫都濕透了，看他在扭乾衣服時，流出來的汗水猶如水龍頭的水一樣唏哩嘩啦流下，讓我心裡相當不捨。而且鄉下地方小蚊蟲很多，每次都把我叮得手腳紅腫，後來他不讓我跟，開始帶著便當回鄉下，晚上回來又要工作到半夜十二點才進家門。

辛苦了第一年，過年前要採收，付了一天兩千元的薪水請有經驗的歐巴桑來幫忙，那一年雖然大豐收很開心，但是時運不濟，橘子的價格非常低，只好委託農會幫忙促銷。由於我們什麼都不懂，只能任人宰割，第一年等於白做了。我請他放棄，不過他不願意，我們又種了一年，他相信價錢會好轉，更努力學習種出漂亮的橘子。

橘子一年要灑六次農藥，我都很怕他中毒，而我又沒有陪在他身邊。有一次他很晚才回來，我擔心死了，正當我想回寶山找他時，他剛好回來，不過他卻帶著傷說：「我的背部好痛，因為載橘子的爬山車控制不好滑到溪底，為了拉住爬山車受傷了。」

我聽完他的話之後哭了，我拜託他別把自己搞那麼累，他卻堅決為了改善生活而拒絕了我，讓我更加心疼。

好不容易收成的時間又到了，我們的橘子的確漂亮，但是沒有門路可以銷售出去，最後還是農會收購走了。因為沒有經驗，我們一樣血本無歸，而他的背到現在都還常常舊疾復發呢！

他全心全力為了這個家打拚，而我在家裡除了打電動之外，什麼都不會做，覺得自己一無是處。我苦思到底自己能夠幫忙做什麼呢？有一天，老公回來時不知為了什麼事情大發雷霆。也許是工作太累、太骯髒、壓力大，沒有人幫忙，他開始發牢騷說：「我每天累得要死，而妳在家裡除了吃飯、睡覺，就是等死嗎？」

我沒有因為他的這一番話而吵架，反而覺得好羞愧，也感覺自己根本是個米蟲，只會吃不會做。但是我也想自食其力，我也想工作呀！可是我能做什麼呢？連三餐都得靠瑪莉料理，而我和她也還在磨合期，真讓我感到頭痛。

正巧有一次，我去朋友開的醫療器材行買衛生用品，老闆說：「我的店面想要頂讓，資金也不多，妳有沒有興趣？」我想這也許是個機會，毫無考慮就答應了。

不過接手後生意很差，我請了一位小姐幫忙顧店，每天早上八點到晚上九點才關門。而我必須去每一間醫院發傳單，如果小姐休假，我更是累，一早便要去開店，一直坐在輪椅上，晚上九點才可以關門，屁股都痛死了。

結果頂下來不到一年就關門大吉，我很沮喪，覺得自己很沒用，一切好像又回到原點，繼續過著等吃、等睡、等死的日子。

生命中的貴人

在一次偶然的機會下，一位好久沒聯絡的朋友突然來找我。她在開禮品公司，正巧路過來看看我。她手裡拿了一個很漂亮的財神寶寶給我看，並問我：「有沒有興趣做行銷？」

她教了我很多方法，告訴我可以到保險公司或是科學園區推銷。個性不服輸的我，下定決心學習要獨立堅強，不能讓老公看扁我。幸運之神似乎很眷顧我，朋友介紹國泰人壽張經理讓我認識，請她給我一張小的辦公桌，讓我展示產品。張經理很爽快的答應了，也讓我在她們開早會的時候做產品介紹。

我看到那麼多人坐在下面都快嚇死了，一下子吞吞吐吐的說不出話來。張經理把麥克風遞給我，我因為手部無力沒有接住而掉在地上，他撿起麥克風，眼睛泛紅的問我說：「妳不會拿麥克風啊？」

我說：「我四肢癱瘓沒有力氣。」

張經理見狀趕忙幫我講話，叫姐妹們一定要做愛心、做功德。有了早會的介紹，又有張經理義不容辭的大力推薦，國泰的姐妹們一窩蜂搶購我的產品，一下子就賣光光，最後都還用訂購的呢！

離開前，張經理語重心長的跟我說：「妳如果要來行銷，隨時都歡迎妳來。妳的腳很容易水腫，我看了很心疼，每次來公司我都會幫妳在早會做產品介紹，這樣妳就可以提早收工回家了！」

從那一天起，我就與國泰人壽結下不解之緣。有時候他們業績忙碌時，我也不敢開口叫賣，那種場面讓我感到很害怕，一看到人就心生畏懼，結結巴巴的說不出話來，當下覺得好丟臉。

眼看著時間一分一秒的過去，一樣產品都沒有賣出去，但什麼事情都有第一次，我告訴自己身為理事長，身經百戰，什麼大場面都見過。我都可以開口幫協會募款了，為什麼現在反而變得膽小如鼠那麼沒用呢？看著來來往往的行人卻乏人問津，那種冷清的感覺使我頭腦突然間清醒了起來，我想只要臉皮厚一點就好。

人到無路可走的時候，就會發揮超實力的潛能，我終於壯起了膽子開口叫賣：「來喔！來看看，請大家發揮愛心，幫助殘障朋友，我的產品很不錯，請妳們有空來看看喔！」

大家聽到我的叫賣，都好奇的圍過來。當我賣出第一樣產品時，心裡好得意好高興，心想賣東西又不去臉，我再也不膽怯害怕。看到姐妹們我都親切招待，熱情向他們介紹我的產品，用誠意感動他們，也讓我賺進了大把鈔票。經過了這一次之後，讓我信心十足，原來賣東西是這麼愉快的體驗。

言語衝擊

我每天早上凌晨四點起床，就勤跑業務，也因為收入增加了，便分期付款買了一輛後面有加裝升降機的復康巴士，並且請了一位司機幫忙送貨，順便載我出門。

除了保險公司外，我也去科學園區展售禮品，進行得都很順利。不過有一次我去某家人壽卻吃了閉門羹，他們的保全對我很不滿，處處找我麻煩、刁難我，不讓我上樓去銷售。他說，樓上的員工說我強迫買賣，妨礙別人辦公。但是在我印象中，我並沒有像他說的那樣，於是我請瑪莉幫忙收拾展示架上的禮品準備回家。

到了電梯門口時，我忍不住委屈的哭了起來，因為我待了一個早上都沒人向我購買產品，試吃產品也被吃光了，心裡好嘔喔！

那時候剛好有一個主任要下樓，她問我：「妳為了什麼哭呀？受了什麼委屈是嗎？」

我一邊哭一邊把情況告訴她，她自告奮勇的說：「走！到一樓，我去幫妳討回公道。」

到了一樓，那位主任憤恨不平的問保全：「是誰說她強迫我們買東西，你叫那個人出來對質！她從頭到尾都只坐在門口旁邊，很客氣的招呼我們，並沒有強迫，你不要亂說話。」

保全一概否認他說的話，急於解釋著說：「我沒說她強迫買賣，只說她妨礙辦公而已。」

我在一旁不停的啜泣著說：「強迫和妨礙差很多好嗎？」

瑪莉一直擦拭我的眼淚，主任心疼的說：「她坐在輪椅上能出來面對人群已經很不簡單了，你這樣欺負她，以後她還敢出來賣東西嗎？你真是太過份了！」

保全還狡辯說：「我真的沒說。」

我看他死不承認，好像我栽贓他似的，於是我打了電話請我的業務員下樓，幫我出一口氣。但她回答：「我現在沒有空，等一下再下樓幫你處理。」

我等了又等，她遲遲不出面，而那位路見不平拔刀相助的主任安慰我說：「別氣餒，也不要理他。要加油喔！我還有事我先走了，下次一定要再來賣禮品好嗎？」

她輕拍我肩膀，給我鼓勵。主任走了之後，只剩下我和保全四目相望，時間頓時好像停止了，氣氛一時變得好凝重。我只想趕快逃離這個地方，我便對保全說：「我不是乞丐，不是來求你同情的，我從此以後也不會再來了。」

保全一臉茫然，沒有反駁的看著我，我則是頭也不回的上了復康巴士。在車上，我泣不成聲的嚎啕大哭，心裡想著，我從來都沒有這樣丟臉過，為了三餐就得看別人臉色嗎？真是可憐，第一次被羞辱的如此不堪。此時手機突然響了，是業務員打來的，我冷冷的說：「我在妳公司投的保險，麻煩妳幫我辦退保。」

沒想到她竟然惱羞成怒的回答我：「隨便妳好了。」就掛了電話，那一天，我體會到了世間的人情冷暖。然而現在回想起來，當時自己玻璃般脆弱的心和幼稚的想法真是好笑！

微笑的力量

老天爺老是愛考驗我，兜售禮品的這幾年，又讓我遇到另一位剋星，他是國泰人壽的部長。怪的是每次到他們單位都會遇到他，只要他來視察，課長或是姐妹會好意通知我：「吳部長來了，妳要到樓上躲一下，萬一部長看到妳來擺攤位，可能會生氣喔！也會連累經理被記過的，妳可能以後也都不能來單位了！」

我因為心裡害怕，所以一直躲著這位吳部長，心想他為什麼老是和我作對？而且為什麼那麼倒楣，我到哪裡他就到哪裡？有時更誇張的是會在同一個單位遇到他兩次，只要遇到他，我為了躲他就沒生意可做了。

這一天，老天註定要我遇見他，我在某個單位剛巧被他碰上，一時無處可躲，想閃避都來不及。當時也不曉得哪來的勇氣，我靦腆的微笑開口說：「吳部長您好，我叫羅雅萱，我來這裡是推銷禮品的，這桌上擺的都是我的產品，是要給姐妹們做伴手禮的。」心裡則是顫抖想著，他一怒之下一定會把我轟出去！沒想到出乎意料的是，他大方的遞出名片，臉上洋溢著滿滿親和的微笑，伸出手來跟我握手說：「妳好，我叫吳惠斌，桃竹苗國泰人壽都是我管的，妳都可以到這些單位銷售產品，我們都是很有愛心的人。」

聽到部長這麼一說，我一時被嚇傻了，吳部長的反應和態度跟我心裡的預期竟然截然不同！心裡頭的那塊大石頭頓時卸下，讓我鬆了一大口氣。他並不像姐妹們形容的這麼可怕呀！看著手上吳部長的名片，彷彿我已是他這位尊貴部長的朋友了，有了他這張名片的加持，此後在國泰做生意想必是暢行無阻了！

後來我不斷仔細回想，原來微笑的力量那麼大，不但可以化解尷尬，也可以增進友誼。而我心裡更是由衷讚嘆吳部長，就是這麼親和的微笑，他才能這麼成功。從此我常常打電話給吳部長，感謝他讓我生意越做越好。

漸漸的，我也開始拜訪他，進而認識了吳夫人，她和部長一樣親切，也不嫌棄我只是個賣禮品的大嬸，有空甚至會帶水果、糖果給我兒子。他真是提攜我走人生路的一大貴人，因為他，我懂了做業務；因為他，我知道了微笑的力量；因為他，更讓我懂得謙卑。

每當我做業務被拒絕時，只要一想到他對我的親和與微笑，我就能微笑面對拒絕我的人。現在他已經是國泰人壽的總經理了，還推薦我去對岸演講哩！

微笑，是一種對人釋出親和與善意的最好方法，打從心裡對人發出微笑，可以傳遞你的善意與真心給對方，當對方接收到你微笑的同時，也接收了你的善意，那樣雙方良好的關係就在善意與親和下形成了。雙方有了好關係，業務的成效也就容易達成了。

微笑，只是一個態度，但這樣的態度向人宣誓了友好，改變關係，也改變了結果，微笑其實是一種力量。

金鷹獎的肯定

家中有小孩，的確是一種成長激勵的動力，我會把每一天都當作生命的最後一天。

記得兒子三歲時，有一次我帶他一起去保險公司兜售，我叫他拿試吃的產品給阿姨吃，結果他端著盤子，走著走著不小心被電線絆倒了，手上的餅乾也灑了滿地。不過他沒有哭，反而站起來用無辜的眼神看著人家，阿姨們更是心疼的說：「你們的產品我們全都買下來了。」我心疼的暗自落淚，並且告訴自己一定要堅持下去！

做業務員難免會碰壁，有時會遭到拒絕，回到家裡，我會告訴老公所受的委屈，他安慰我不要管他們說什麼話，但是我內心的傷害依然久久不能平復。沉寂了一個星期後，老公看我信心受到極大的打擊，便握著我的手說：「妳該承受壓力、面對壓力、突破壓力，最後解脫壓力，重新學習愛與寬容，要不然枉費妳在當理事長。往後怎麼面對及輔導妳的會員呢？」

他這番話點醒了我，讓我感觸很深，也讓我一掃先前的所有不愉快。我重新振作掌握機會，後來我學聰明了，看到人我都會先開口向對方問早，對方也會因為我的禮貌釋出善意的微笑，有些人還會主動幫我按電梯，問我需要幫忙嗎？讓我心裡好舒坦。尤其保險公司裡有好多人都給我鼓勵，讓我更有信心，並做出了亮眼的好成績，生活也就逐漸改善了。

與其改變別人，不如先改變自己，尊嚴是靠自己爭取來的，不能靠別人施捨。也因為我的樂觀進取、自立自強讓人感動，國民黨新竹縣黨部蔡貴華主任幫我報名了十大傑出青年金鷹獎的選拔。

而我也不負重望，在二〇〇四年十二月榮獲了全國的殘障傑出青年獎——金鷹獎，由當時的內政部長蘇嘉全先生在國父紀念館頒獎。隔年四月，承蒙當時的總統陳水扁先生召見，我們全家北上前往總統府，媽媽及大姊特別高興，看到總統拍著我的肩膀時，說著：「妳真棒，加油！」她們都留下了欣慰的眼淚。

然而我心裡不免也有點感慨，如果爸爸還在世界上，看到我有如此成就，不知道有多安慰！

18 沒有不幸的女人，只有不會創造幸福的女人

我每天早上四點就要起床，因為身體僵硬無法伸直，必須先按摩一個小時，然後還要洗澡、上廁所，幾乎都要花兩個小時的時間。不管風吹雨淋，我都會到保險公司或科技公司去推銷，他們都善意地接納我。感謝一路上幫我的貴人及恩人，讓我相當感動，這段刻骨銘心的日子我永遠難以忘懷……

後來我透過網路，架設了「雅萱小鋪」的批發購物網站，也有實體的辦公室讓大家參觀選購。後來我將受傷二十多年以來的生命故事出版成書，並且變身成為公益講師，活出了我好的不得了的人生！

漸漸的，我不再需要到處兜售，只要在網站上接受訂單就好。手上也有了一些積蓄，於是便把原本大哥讓我住的房子買下來。還記得剛拿到土地所有權狀的那一刻，我興奮到眼淚直流，我們終於有了屬於自己的窩。我覺得環境決定不了未來，過程更決定不了未來，我們的態度與堅持才決定了我們的將來，因此要不屈服於環境才對。

其實我最大的願望，是脊髓損傷的朋友也能來跟我一起打拼，追求工作的價值以及生活的品質提升！因為我們受傷之後，所有一技之長都歸於零，全部都得重頭開始。不要怕打擊，不要怕艱辛，絕對不要成為他人的負擔，靠自己活出生命的色彩，勇敢做自己最大的貴人。

只是我一直忙於工作，疏忽了老公，覺得他好像又離我越來越遠。我怕老公會再度離開我，於是我開始改變自己的外表，減肥、雷射去斑，努力讓自己能夠恢復以前的身材。

我又悄悄用自己的積蓄在外面買了一間小套房，並且花了十幾萬裝潢。有一天，我趁著沒有出去擺攤的機會，心血來潮的告訴他：「我請你去吃牛排好嗎？」

吃完牛排我告訴他，等一下要帶他去一個地方，他一臉茫然問著：「哪裡啊？」

我說：「等一下你就知道了！」

到了目的地，我帶他搭電梯上五樓，然後請他從我的皮包拿出鑰匙開門。打開門後，他用非常訝異的眼神看著我，然後回頭問我：「這是妳租的房間？」

我說：「不是，這是我為了你而買的套房！」

房間裡有一個小小的沙發，牆上掛著電視，電視前面有一張大床，床的上方是蕾絲的布簾，在柔和的燈光下，白色歐式蕾絲在床尾鑲上精巧的珠花，簡直就跟五星級飯店差不多！

他很驚訝，問我為什麼要這麼做？我告訴他：「因為我愛你！」

他很感動，一把將我從輪椅抱到床上，我看得出來他很飢渴，他壓著我的雙手，逼近我的嘴唇，一邊吻著一邊謝謝我為他做的一切。我告訴他：「老公，這裡是我們的祕密基地，不要告訴兒子，有空我們就來這邊好嗎？」

他點了點頭笑了，我也用盡最大的力量來抱他，讓他知道我是多麼愛他。他靜靜的看著我，我問他：「你一直看我幹嘛？」

他說：「我看妳漂亮，妳是我老婆。」

聽起來是好肉麻、好噁心、好曖昧，可是還挺受用的，因為可以滿足我的虛榮心！他強而有力的身體環繞著我，讓我幾乎不能呼吸，他緩緩的氣息吹在我耳際，我們是如此貼近，近的可以感覺到他的呼吸及激烈的心跳，也感覺得到他男性的渴望。一切的一切像是遠遠大火在空氣中狂野的升起，越燒越熾熱，一切盡在不言中！

之後我們常常來這裡，一切都覺得像個夢，我能夠感覺到他每一次的心跳，我們有好久沒有享受這樣的魚水之歡了。結婚這麼多年來，我是第一次看到他沒有穿衣服，我欣賞著他的身材，因為他很年輕、黝黑，他自在地坐在沙發上看電視，我則是側躺著望著他，心裡想著，如果能一直這樣維持下去有多好！

我們就像熱戀中的男女，一開始一個星期會去兩、三次，彼此的感情也在升溫當中，我也絕口不提他以前的事，因為我知道，如果愛他就千萬不要再傷害他。每一個人都有過錯，但是我們要學會包容、學會原諒。愛情不是買賣，無法放在天秤上計較公平得失，愛情也很難以評斷是非對錯，只在於你自己覺得值不值得這麼做，我想幸福是站在我們這一邊的。

世界上有很多的案例，有人因為苦苦付出，卻得不到相同回報而產生怨懟，但卻忘了你所給的未必是對方想要的，我們無需放棄自我堅持，我們應該為愛包容，可以試著在戀愛中學習，學習溝通、尊重及適時放手的智慧。

每一次的戀愛，都讓我們變得更成熟，更懂得與對方相處，更明白自己適合什麼，要的是什麼。到現在，我們結婚已經邁入第十五年了，我也終於找到了失落的那一角，成為一個完美的圓。而現在，我深深領悟到，原來真正重要的，並不是完美的結果，而是過程中自我內在的成長與豐盈，我也已經找到自己生命中屬於幸福的那一份答案。沒有不幸的女人，只有不會創造幸福的女人！

真愛的世界裡千萬不能懶惰

在這物質繁華的時代，人們追求的是錢財；在這感情氾濫的年代，每個人幾乎都在渴望真愛。但是越真的愛就越容易被忽視，特別是被愛的人。每一份真愛都是出自心深處，但什麼是真愛呢？男人為了女人付出金錢與物質那就是真愛嗎？買了戒指、項鍊給妳，就代表他是真愛妳嗎？如果每一枚戒指都像珠寶一樣昂貴，他還會隨手就送給妳嗎？一輩子只有一枚戒指，如果送給一個不深愛的女人，將來拿什麼留給陪伴你一生的老婆？難道為她編織一個草做的戒指？

什麼是真愛？真愛不是轟轟烈烈的愛，而是細水長流的愛。我不羨慕熱戀的情侶，但卻很羨慕攜手到老的夫妻。真愛是需要用心去經營的，在感情世界裡千萬不能懶惰，就算再忙，也要抽出時間來問候你最深愛的人，千萬不能冷落一個愛你的人，也不要對他所做的一切而感到厭煩。

真心相愛的二個人在一起時，不要各處一方。能牽手的時候，請別只是肩並肩；能擁抱的時候，請別只是手牽手；能在一起的時候，請別輕易說分開。

該如何去愛？不同的人有著不同的回答。因為不同的人對愛情有著不同的感觸和理解。有生命的存在，就會有情感的延續。我們經常渴望愛，卻又有點害怕得到愛，因為愛要付出，因為愛要呵護，愛情要精心打造，愛要共同經營。

愛會給你快樂，讓你感到幸福和甜美；愛也會讓你困惑，讓你感到煩惱和憂慮。光有快樂不是愛，而是激情，是衝動，因為他禁不起時間和磨難的考驗，禁不起滄桑歲月的洗禮；也許很普通或一個不經意的小動作，卻會讓你熱淚盈眶，激動萬分。因為你明白了，那是愛的真情流露，那是愛的無聲表白和最好的表現。

此時，一個願望悄然在我心底升起，愛上他不後悔，對他好一輩子都願意！真愛永遠都不會感到累，因為它一直都在不斷地成長，所以會越來越強壯，越來越有魅力。不會因為歲月的流逝而失去活力，在你我的心中，永遠都保持那份年輕的美麗，哪怕額頭上都佈滿了皺紋，可是在對方的眼裡，他還是那麼有魅力。

若真愛，請深深愛對方，真心為對方付出；若不愛，就不要打擾人家，更不要去傷害人家。愛不要建立在得到之上，不要期望對方能給予你多少，時刻要記得你能夠為對方付出多少，要讓對方覺得自己是世界上最幸福的人。只要在對方有如此感受，那麼在所有人眼中看來，他只能是世界上第二幸福的人，因為第一幸福的人就是你自己！

19

祕雕——人不像人鬼不像鬼

當我的事業越做越大時，企圖心也變得越來越強，我也越來越愛漂亮。我決定每天都要把自己打扮得更亮麗，所以幾乎每個月都會去做臉，讓自己看起來容光煥發。我喜歡跟愛美的人在一起，不過有一位認識了八年多的社區鄰居，幫我取了一個綽號，讓我非常傷心難過。

有一天我去這位鄰居開的美容院時，她非常熱情的招待我說：「哈囉！美女妳來了，請妳躺下讓我為妳服務。」

我們之間有一個共同的朋友，年紀很小，住在我家隔壁，我問：「小妹妹怎麼沒來？」

她說：「我打電話叫她來陪妳聊天。」

說完她隨手拿起手機，撥了妹妹的電話，用免持擴音說：「妳要過來嗎？妳的好朋友在這裡做臉。」

妹妹回答：「是誰呀？是祕雕嗎？」

她顯得有些慌張說：「妳過來就知道了！」

匆匆掛上電話，便轉過頭來對我說：「妳等一下，我去拿面膜。」

我心想，她們叫誰祕雕，該不會是在說我吧？不過做完臉回到家後，我坐在電腦前打著電動，壓根就忘了這件事，直到妹妹下午來找我時，一看到我就問：「哇！妳的臉好亮喔！今天做臉應該花了不少錢吧？」

我回答：「大概是第一次比較便宜，不知道下次要多少錢？」

妹妹自告奮勇說要幫我問看看，於是她拿起手機撥給對方。妹妹也是用免持擴音，因此她們的對話我在一旁聽得一清二楚。她說：「我們家後面的羅小姐問妳，下一次保養皮膚要多少錢？」

對方回答：「誰呀？是祕雕問的嗎？」

妹妹緊接著說：「是羅雅萱。」

對方立刻說：「妳就說是祕雕就好了啊！幹嘛說是羅小姐？」

聽見她們東一句祕雕、西一句祕雕的，當時簡直快把我氣瘋了！妹妹發覺我的神情不對勁，立馬掛掉手機。

我忍住熊熊怒火問她說：「下午我就聽到妳們的對話了，而且我一再告訴自己，妳們不是在叫我，到底是誰給我取這個綽號的？妳們真是可怕，人前人後一種人。」

妹妹心虛地撇清責任說：「不是我！是她告訴我的，妳不相信我再打通電話給她，證明不是我幫妳取的綽號。」

她趕緊再度撥了電話給對方，問她：「到底是誰叫羅小姐祕雕的？她有名有姓，而且她非常在意別人這麼稱呼她！」

我聽到對方毫不客氣的回答：「那有什麼關係，只不過是一個外號而已，有必要那麼緊張嗎？我們這裡好多人都這樣叫她呀！」

這句話像一把刀刺進我胸膛，疼痛難當。虧我一直把她當成無話不談的好朋友，為什麼要幫我取這個綽號呢？我勃然大怒問她：「妳知道什麼是祕雕嗎？」

小妹妹無辜地看著我，畢竟她才二十多歲，懂什麼呢？雖然我也不確定祕雕是什麼，但絕對是個不好聽的綽號。我生著悶氣，心裡想著自己坐在輪椅上到底是招誰惹誰了？我把妳們當朋友，妳們竟然這樣傷害我。

三更半夜，我氣到睡不著覺，心裡的委屈真是苦呀！我不敢向任何一個朋友傾訴，心裡覺得好丟臉、好心酸，又好孤單。兩個朋友的虛情假意，讓我感悟人生變化無常，整個世界好像突然黯淡無光，灰黑像一團濃霧，透過牆壁壓過來，讓我喘不過氣。覺得自己好像真的是個怪胎，只盼一覺醒來，世界又恢復明亮，一切都沒有發生過。

隔天，我不甘心的查了一下電腦，原來「祕雕」是布袋戲裡的經典人物，相貌奇怪，是個駝背、走路一拐一拐、斜眼、歪嘴、手伸不直的「五不全」，講話吱吱嗚嗚、口齒不清的，大家避之唯恐不及。加上他每次出場時，都先播出一陣怪笑聲，給人的感覺就是「恐怖」二字。然而他是個很有個性的人，武功也非常高強，不被歸類在好人裡面，也不是壞人，而是一個直來直往、個性率真的人物。

後來仔細想想，祕雕的個性跟我還有點相似，轉個念頭，心裡也就沒那麼氣憤了。不過我還是希望有人能安慰我，於是打了通電話給另一位好友，跟她說明事情經過。她聽完大笑說：「我沒見過這麼漂亮的祕雕！」

我知道她在調侃我，不過有了她這句話，也讓我安慰許多。現在想想，是不是被叫「祕雕」已不重要，我已能明白自己存活的價值和位置，別人的毀譽對我來說已心如止水，因為「祕雕」也可以和正常人一樣，活得健康快樂！

人不像人，鬼不像鬼

有一年大年初二，我去林口「緣林寺」批貨，老公去停車許久未回來找我，廟口川流不息的人群擠來擠去，我被夾在批貨的店門口動彈不得。

這時候，突然有一個步態蹣跚的山東老伯，在我後面大聲喊著：「妳像是個病人嗎？坐輪椅的不像坐輪椅，頭髮染那麼紅，也不安分一些。」

我意識到他好像在說我，便把輪椅轉過去，羞怯的打量著周遭。這附近只有我一個人坐在輪椅上，莫非阿伯在說我？我不想理他，轉頭就開著電動輪椅想要離開。不料他反而大叫著：「你們來看這個坐輪椅的，頭髮染成這樣，人不像人，鬼不像鬼，來看看她，醜不拉嘰的，一點都不像坐輪椅的人。」

過路人好奇的迎合阿伯，嘰嘰喳喳的討論著我，讓我覺得自己是個異類，跟她們完全格格不入，真想挖個地洞鑽進去。我神情呆滯地待在原地，不敢仰望天，只好低著頭讓路過人們品頭論足，當下好希望老公能盡快來解救我。

批貨的老闆娘看到我的窘態，趕忙從店裡衝到我身邊替我解圍說：「老伯伯，她是來向我批貨的，而且她已經結婚了，她老公喜歡她時髦的髮型，她也是新竹縣身心障礙協會的理事長。她比一般人更認真、更努力，今天是大年初二，你看她還在工作，你別這樣說她。」

老伯伯聽完後，這才不好意思的頻頻向我點頭道歉：「對不起，對不起，我不知道。」

這時圍觀的群眾才沒有再把我當成怪物，慢慢的散去。我向老闆娘說謝謝，她勸我不要想太多。我又能說什麼呢？只是覺得我們殘障者心中要能自我調適，自己對殘障的態度與看法才是最重要的。我從來也沒把自己當作是殘障者，只是行動不方便而已，心和正常人一樣健全。只是希望社會能給身心障礙者多一點支持與鼓勵，少一點言語傷害，這樣可以溫暖很多受傷者的心。

好多冷酷陌生人說的話，往往會讓剛踏出第一步的殘障朋友又退回原點。而一句輕柔的話，一個溫暖的眼神，或是一個非常誠意的擁抱，都是給殘障朋友的最大鼓勵，千萬不要給他們貼上標籤，讓他們再次受傷。

不管是做業務還是言語攻擊，這些經歷反而讓我體會出「境隨心轉」四個字，只要把「身心障礙」四個字徹底從心裡去除，我們才能和一般人相處，也可以體會我們跟其他人是沒什麼不一樣的！每個人都是生命的鬥士和品嚐者，生命的發展，端視你如何自我覺察和成長。

20 把自己寫成一本書讓別人來讀

記得兒子小學一年級，那時正是接近聖誕節的時候。我看到老公跟兒子正在打造聖誕樹，上面吊著琳瑯滿目亮晶晶的吊飾，五彩繽紛非常漂亮。

那天早上我有點小咳嗽，我怕會併發肺炎，因為肺炎是脊髓損傷的致命傷，二話不說便請老公帶我去看耳鼻喉科。醫生給了我化痰的藥，吃了之後當晚雖然沒有痰，卻變成了乾咳，一整晚都睡不好覺。老公幫我鋪了枕頭，陪我半躺在床上看著長片，直到凌晨五點多了，我的眼睛又酸又澀才睡著。

老公不放心，一早又帶我去看內科，醫生說我支氣管發炎，幫我打了止咳針，也開了藥給我，回家後我頭暈目眩的，不知道是不是打針有後遺症，讓我想吐卻吐不出來。老公趕緊把手指伸進我喉嚨要幫我挖出穢物，讓我舒服一些，但我只是不停的作嘔，一陣昏沉我又睡著了。

直到隔天早上我才起床，夜晚我不停發燒，老公希望我去做檢查，我拗不過他，只好一早又去了一趟醫院。一路上我一直乞求上蒼，千萬別併發肺炎。到了醫院，醫生叫我去照肺部X光，也做了快篩，報告出來讓我嚇死了，醫生說我得了A型流感併發肺炎很嚴重，要住隔離病房。

當晚我的病情突然加重，一整晚咳嗽不停，痰也好多，瑪莉不停的幫我拍背，幫忙壓我的腹部，讓我把痰咳出來。第二天醫生來查房，心情沉重的說：「妳的肺炎擴散了，也變嚴重了，我建議妳轉到大醫院，那裡的設備比較好，而且妳的病有可能會變得很喘，然後併發呼吸衰竭，到最後要插管，然後無意識死亡……」

他接著說：「我希望妳能轉院，我幫妳問問馬偕醫院有沒有病床，如果要留在這裡，要有心理準備……」

我心情沉重的打電話通知老公前來，說有重要的事要告訴他。老公到了醫院後，緊張的問我什麼事？我把醫生說的話一五一十告訴他，他則不斷的安慰我。

隨著時間慢慢流逝，空氣變得好凝重。老公看我一直不吭聲，受不了了，問我：「妳為什麼不哭？哭出來比較舒服，妳這樣我的心好難過。」

我說：「我不哭，我若哭了就正中了醫生的話。」

他看我眉頭深鎖，打開我的口罩，一直把嘴巴湊過來，示意要親我，我緊閉著嘴巴，發出「嗯！嗯！」的聲音，並且用力搖搖頭，他說：「妳把感冒傳給我，讓我代替妳生病。」

我忍不住折磨崩潰了，啜泣著說：「我不想死！我還好多事沒完成，我兒子還那麼小，我媽的年紀那麼老，還有好多脊髓損傷的朋友還等著我幫忙……」

老公心疼的把我摟在懷裡，輕輕拍著肩膀，隔著口罩吻我說：「一切都會沒事的，上帝會幫忙我們的，我們一起加油，明天我們到新竹臺大醫院，去聽聽別的醫生怎麼說好嗎？」

兒子玩累了，在一旁熟睡著，我堅定看著兒子，點了點頭，希望一切都會好轉。我們暫時忘了醫生說的話，隨意聊了一些瑣事。很快到了晚上九點，我依依不捨的叫他們回去，他們一如昨晚一樣說掰掰離開病房，然而我的心卻落寞極了，心裡想著，明天我還見的到你們嗎？

我似乎感覺到死神溫熱的呼吸正在向我靠攏，我的心好痛好痛，永永遠遠要離開他們父子，我應該難過，應該悲傷，我卻一滴眼淚也流不出來。我是怎麼了？這是個什麼狀態？是孤獨等著死神的到來嗎？

這時候手機突然響起，是兒子打來的：「媽咪妳要加油，我愛妳。」我忍住不哭說：「我也愛你，要聽爸爸的話。」匆匆掛了電話，心中無比淒涼。好像我真的即將離開人世一樣！

到了凌晨五點，我打開電視，看到大愛台正在播放靜思語，上人說：「原諒別人，就是善待自己，不要拿別人的錯誤，來懲罰自己。」我突然茅塞頓開，心想何必為了醫生說的話難過？這是他的職責啊！

住院時，好友來探望我，她鼓勵我說：「雅萱，妳一直忙於賺錢，卻忘了妳爸爸交代的話，要多幫助身心障礙者及多做公益，妳可以把自己的生命故事寫成一本書，讓大家來讀才對！」我一聽恍然大悟，為了讓自己生活過得更好，一心只想著賺錢。心想這次如果沒有死，一定要把自己的故事寫成自傳，讓全臺灣的人看到，並且藉由我的故事鼓勵更多人。

接著老公來幫我辦出院，一路開往臺大醫院的途中，我心裡很害怕。到了臺大，我掛了急診，並告訴醫生我的病情嚴重，他幫我做了檢查，叫我二十分鐘後再回來看報告。

我告訴瑪莉我想逃回家，不想聽報告了，她告訴我要接受現實。

二十分鐘到了，我硬著頭皮進了急診室，醫生語出驚人的說：「妳很正常啊！也沒有新流感，也沒有H1N1，只是肺有一點痰，請看護拍乾淨就沒事了！」

他開了三天的藥給我吃，聽完醫生的話，我心中感到無比舒暢，彷彿又從地獄回到天堂，靈魂得到解放。

老公也因為我沒事了，晚上特地買了豬腳麵線給我去霉運。經過這段「鬼門關走一回」事件，讓我們全家的心繫得更緊，更發覺老公是如此愛我，並不像外人所說他是為了什麼什麼才和我結婚。也讓我更加珍惜彼此，更加愛惜生命，學會對任何事情都看得更開，一切都不再計較，生命並不在於長或短，而是在於如何活得更寬、更廣。而我也開始著手寫書了！

一開始只是為了圓一個心中的夢，只是把自己的心願及朋友善意的期許化做行動，只是不想辜負朋友對我的期待，而把自己的故事寫出來，所以沒有想太多。

好不容易書終於要出版了，我心裡正準備鬆了一口氣時，這時候出版社說要舉辦新書發表會，當天是在新竹縣政府前舉行，一些長官還有很多嘉賓都到場了。人比我想像的要多，特別是後來知道我還要上台講話時，更是讓我緊張到不行。

對我來說，出書是我人生第一次的經驗，就連對著上百人在公開場合的講話，也是我的初次經驗。我整個人被眼前那麼多讀者嚇到，講話還會口吃：「各…各位現場朋友，謝謝你們…來參加我的新書發表會，我……」

一方面看到有那麼多人來支持自己的新書，內心很感動；另一方面講到我自己的出書過程，自然也會觸動些許傷心的回憶，我就邊講邊哭，邊哭邊講……連我都不知道自己在講什麼。

不過從那天起，我的人生有了新的天外之路，從出書到電腦打字分享，搖身一變成了講師。回想自己如何投入出版及演講的經過，竟然是因為一次慘痛的肺炎經歷，那場肺炎讓我一連住院十八天，差一點連命都沒了。這段時間也讓我成長很多，讓我深深了解到生命的無常，生命的打擊是可以說來就來，翻臉無情的。

找到自己的天賦、領域及價值

自從我在新書發表會「曝光」後，就開始變成半個公眾人物了。雖然遠遠不如那些政治人物或明星藝人那麼紅，但我的的確確已經不只是個平凡的家庭主婦，而是將自己名字攤在陽光下，可以讓人檢索，讓人想要問我問題的人。

我在新書發表會當天就已經收到邀約，要我去不同單位演講，分享心路歷程。當時我並沒有立刻答應，因為那超過了我的人生經驗想像。在那之前，我根本不知道原來出書之後還可以去演講。

一星期內，我收到好幾十封的 E-mail，電話也接了好幾通，許多都是和我分享、為我打氣的。自此，我有了我的「讀者」，乃至於後來，我也有了「粉絲」。很多人透過臉書向我請教問題，包括和我一樣身體有障礙的朋友，或者在人生路上受過創傷的人，一時之間，我變成「心靈講師」，我的人生整個改觀。

那時出版社總編給了我很多的鼓勵和建議。漸漸地，我也能了解，的確，我原本出書的目的，就是要透過我的實際經驗，和讀者朋友們分享正面的人生歷程。既然有演講的機會，那代表著我可以去影響更多的人，可以讓我原本的夢想，更加擴張我的領域。於是我接受了人生第一場正式的公開演講邀約，並且從那天起就經常演講，一直持續至今。

記得我的第一場演講，地點是在臺中的福華飯店。邀請我的單位是國泰人壽，他們過往幫了我許多忙，現在我出書了，吳惠斌總經理更是捧場，一開始就買了三百本分送各單位經理。他並且告訴我，經理們看完之後都深受感動，邀我務必要到他們公司演講。

為了第一次演講，我整整緊張了一個星期，用我顫抖的手寫了很多講稿，寫了又改，改了再重擬，壓力非常大，晚上甚至擔心到睡不好覺。

終於到了演講當天，我永遠忘不了。當老公推著輪椅一進場，我整個被掌聲包圍。會場裡鋪著長長的紅地毯，一路通到講臺前，在輪椅前進的途中，掌聲此起彼落，一直到我來到臺前，他們專人抬著我登臺，那種感動的經驗真是令人刻骨銘心。

一上臺，我的媽呀！幾百雙甚至幾千雙眼睛都聚焦在我身上，那種感覺前所未有，完全震憾了我。當天雖然沒有口吃，但畢竟是人生的第一次，我還記得自己邊講邊發抖，且在講臺上，探照燈光源打在我身上，溫度很熱。對比下，臺下就是一片黑暗，我根本看不清楚臺下人的臉孔，就只看到一片黑鴉鴉的。

過程中，不斷聽到笑聲與掌聲，就這樣緊張的一邊翻大綱一邊講，講了整整一個小時。在結束的那一剎那，全場所有觀眾全部站起來拍手，我幾乎被掌聲給淹沒。當我從臺上被抬到紅地毯時，在輪椅上大家紛紛前來和我握手及簽書，我被他們的熱情包圍了，感動到淚流滿面。

謝謝他們讓我人生第一次走紅毯，也謝謝他們對一個身心障礙者做了那麼大的肯定。從那一場演講起，我就常常受邀到其它單位巡迴演講。到現在已經邁入第五年，光是在保險公司演講就超過三百多場。

二〇一三年我還去大陸演講，內地的觀眾更是激情，下午二點上臺演講，等我下臺的時候已經晚上八點了。不是我講的時間久，而是四點結束時，要求拍照簽名的人一直包圍著我，根本動不了，我連上廁所的時間都沒有。

很開心她們都很喜歡我，同時我也找到了自己的天賦及生存的價值。從此我更喜歡分享，也同時邁入了我的講師生涯。

21 遇見二十年後的她

車禍至今已整整二十年，而今的我，早已不是那個躺在家中自怨自艾、甚至幾度自殺未遂的悲憤女孩，全新的我已經到處演講，立志幫助他人。

二〇一二年我去臺中演講，途中經過我第一任男友的家時，我去探望他媽媽。雖然我和他後來因為個性不合分手了，但是我和他媽媽的感情很好，甚至認她為乾媽。儘管我們常常保持電話聯絡，但因為我住新竹、她住豐原，距離上回見面大概有十年之久了。

老公知道我跟乾媽的關係後，竟然吃醋說：「什麼乾媽家？男朋友家就男朋友家。去沒有關係，但問候一聲就好，不要久留！」

於是我們把車停在乾媽家門口，她看到我時驚訝的說：「哇！雅萱，好久不見，下來聊聊！」

我回答：「不用了，我還有其它事，就不停留了。」

此時身旁的老公，車子都還沒熄火，準備隨時上路。乾媽接著又說：「阿滿今天剛好也有在家耶！妳下來看看她，已經十幾年沒有看到了！」

我還來不及搭腔，阿滿就走出來了，她是我第一任男友弟弟的老婆，她來到車窗旁跟我說：「雅萱，好久不見，好開心看到妳，下來家裡坐坐啦！」

原本我們並不打算下車，但想想人家都這樣邀請了，而且快十年沒見面，都沒有下車就離開的確不禮貌。於是老公幫我推著輪椅進到她家，和她們聊著有關我現在到處演講的事，乾媽直稱我很厲害，也有看過我的書。

突然阿滿驚訝的大叫說：「雅萱，我跟妳說，我二嫂的朋友在找一個人，聽說也是出車禍，情況很嚴重，會不會就是妳啊？」

個性向來大而化之的我，當下邊笑邊說：「怎麼可能啊？世界上哪有這麼巧的事！」

阿滿卻一直說：「妳等一下！我打電話給我二嫂。」

她立刻拿起電話打給她二嫂，跟她提及我的事，阿滿掛上電話後叫我等一等。沒想到不到五分鐘，她二嫂回電了，並且給了我一個電話號碼。我當時愣住了，拿起手機撥了電話給對方後，我輕輕的一聲：「喂！妳好，我姓羅，住在新竹……」

我們稍稍停頓一下後，竟然一起說出當年發生車禍的地點，瞬間把封存已久的慘烈記憶重新勾起，這對我來說有多麼慘忍呀！我們彼此找到了對方！也許冥冥中自有天意，在車禍二十年後的今天，我又聯絡上了我的老朋友。她就是當年我們三個女孩一起出遊，發生車禍時負責開車的那位司機。不過因為在乾媽家不好意思聊太久，我們就約好晚上再聊。

當晚，兩人隔了二十年再次對話，她立刻聽出我的聲音，但我反而還在想，這是當年那個她嗎？當年她長得很像一位女藝人，甜美可愛的聲音，現在似乎變粗了。但猶疑只有一下子，再經過幾句對話，我確認她就是當年我的好姐妹。

我們各自抓起記憶中一塊塊的拼圖，還原車禍當天的原貌，一切真是歷歷在目，猶如昨天才發生似的。她說她曾經和老公去醫院探視過我一次，但我已經完全沒有印象，當時的我沉淪在自怨自哀、痛苦欲絕的傷痛之中，每天都想著如何解脫自己，哪有心情搭理誰來看我，因此我也刻意選擇性的遺忘這段記憶，沒想到她心中還記掛這件事。

我們相約隔天在臺中見面，一整個晚上我都在想，見面該說些什麼話？她會期待與我見面，還是會緊張害怕？好不容易捱到早上，我特別盛裝打扮了一番，原因是我要讓她知道，我雖然坐在輪椅上，但是生活過得很好，有事業、有老公、有兒子。

碰了面之後，我們聊了很多以前的事，他也說了出車禍的經過，當時她是清醒的，而我是昏迷的，因此直到今天才真相大白，知道自己為何變成這個樣子。我們也聊到還有一個跟我們一起出車禍的女孩子，至今都沒有下落。我們聊了三個多小時，她讓我逗得時而哭時而笑的，甚至高興到落淚。

回程中，我坐在奔馳的高鐵上望著窗外，心想我應該對她恨之入骨才對，為何可以當做什麼事都沒有發生，這麼輕鬆就放過了她？我應該向她抱怨這二十年來我所受的痛苦才對，怎麼反而對她侃侃而談呢？

原來是因為現在的我已經有了幸福美滿的家庭，而我的幸福已經遠遠蓋過對她的怨恨！如果這二十年來我依然是躺在床上，孤苦無依的一個人過日子，可能今天我對她說話就不是如此客氣了。事情剛發生時我的確非常埋怨，常常想為什麼三個人同時出車禍，坐輪椅的是我卻不是她們，應該三個人同時坐輪椅才公平啊！然而隨著時間的流逝與幸福的填補，讓我化解了心中的這份仇很。

晚上她傳了訊息給我說：「我今天看到妳的人生過得如此精彩，非常替妳高興，我心裡對妳的愧疚減少了許多，但還是要深深致上我的歉意，對不起！」

我看完眼淚直流，並回她：「因為這場車禍，讓我有了新的人生觀，要不是這場車禍，我可能沒有結婚生子，沒有了現在幸福美滿的家庭。我很開心與妳再次見面，感謝老天讓我再度與妳相逢，過去就讓它過去吧！請別再自責了！」

面對，才能釋懷

現在我和她又變回了好朋友，即便我住在新竹，兩人還是會約見面，我會搭高鐵去臺中，然後她開車來車站接我。現在的她，家境比以前更好，老公事業有成，三個孝順的兒女，也和我一樣過著快樂幸福的日子。

對我來說，我已經走出當年的傷痛，可以坦然面對一切，所以我能用超然的心境來看待那年的車禍，但是對她的心路轉折就比較大。她事後告訴我，我們通完電話雙方約見面那天，她內心是既期待又怕受傷害。當下雖然說好，但其實內心忽然湧起一股強烈的忐忑，那種感覺比以前參加大考完要去看榜單的心情還劇烈。

甚至臨出門前還在想到底要不要赴約？見了面要說什麼？擔心我會不會一見面就責怪她。沒想到後來反而是我經常在安慰她，告訴她我都已經走出來了，自己又何必還在掛著這件事，每天帶著對回憶的愧疚感入睡，這樣的日子非常不快樂。她覺得她大概是唯一看過我走路的朋友了，對我的行動不便非常捨不得，她一直困在這裡走不出來，其實過得比我痛苦。

經過車禍事件再相遇，我們更珍惜彼此的友誼，有時候電話一講就是兩個小時以上。但至少她現在可以鬆一口氣，雖然不能完全釋懷，但終究看到我有自己的一片天，有家庭、有老公、有小孩，還有事業，她也比較安心了。

這二十年來，全身癱瘓只能靠輪椅行動的我，臺灣南北經常走動，到處和人群接觸，也積極去幫助她人。反而我這個朋友，大部分時間都待在家裡，很少出門，對外頭事知道不多。

人不能永遠把自己困在苦悶裡，希望此刻大家真的釋懷，世界上很多事情唯有真的包容、放下、接受，才會每一天都過得快樂，這是我現在追求的簡單幸福！

22 多了一個輪椅伴——媽媽

記得十一年前，媽媽幾乎天天都會唸說外勞一直偷我的衣服，整整半年左右都這樣。但那時沒有發現媽媽有異狀，因為她說話很正常，敘述也很合乎邏輯，她每次都正經八百的告訴我：「妳要小心喔！妳的看護一直在偷我的衣服。」

然而我也只是一直錯怪看護，一直問她為什麼要偷我媽媽的衣服？只見她一臉無辜的說：「妳媽媽的衣服又不適合我穿，為什麼我要偷她的衣服呢？難道你不相信我嗎？我照顧你那麼久了！」的確，她照料我將近八年的時間，我真的不應該如此猜忌她。

媽媽非常想念寶山老家，每天早上都會坐七點多的公車回家，下午兩點多再搭公車回新竹與我同住。但是每天晚上她都跟我說她的衣服不見了，後來她忍無可忍，告訴大哥要回寶山住。

我因為到處演講，行程滿檔，也慢慢疏忽了媽媽，沒有時間關心她。有時會請看護煮她喜歡吃的豬腳給她吃，看護會騎著摩托車回寶山，等她吃完才回來。演講空檔的時候，我也會請老公載我回去看她，看到我時，她都會開心的問我：「女兒，妳帶什麼好吃的給我吃啊？」

她可以一次吃很多豬腳，看她吃得津津有味，我會阻止她說：「一次不可以吃太多！」然後我會請看護幫她收起來放冰箱，吩咐媽媽隔天再加熱來吃。她一邊吃，我一邊望著我們的老家，小時候的記憶剎那問湧上心頭。

我記得國小的時候，經常不敢一個人去上茅坑，我會問媽媽和三哥誰願意陪我去上廁所，我就給誰五塊錢，他們兩個會一起舉手，我當然是選媽媽。此時她會拿著手電筒，坐在茅坑外面的涼亭，用手電筒照著木門，等我上完廁所，再拎著我的手回家。

如果我想上廁所時剛好媽媽沒空，只能找三哥陪我去上廁所。三哥陪我去時，有時候茅坑外的手電筒光線會突然不見，我會一直叫：「三哥你在嗎？你在嗎？」

如果沒聽　見他回答，我知道他已經偷跑回家了。這時我就開始緊張，等到蹲完茅坑，開了門看見一片漆黑，我只好哭著跑回家。路上我會把眼睛閉上，因為害怕看到不乾淨的東西，尤其是鄉下路旁有很多龍眼樹和橘子樹，還有竹林會發出咻咻的聲音。當我回到家時，媽媽看到我在哭，知道三哥先跑回來就會狠狠的修理他一頓！

小時候媽媽還會把雞腿跟翅膀留給我吃，而且把皮剝得很乾淨，哥哥看到都會吃醋說：「為什麼只有妹妹有雞腿，我沒有呢？偏心！」

媽媽會說：「因為她是女孩子，需要好的皮膚！」

這些點點滴滴我都忘不了，現在我也拿著她愛吃的食物給她吃，只要看她吃得津津有味，我就很開心。

後來有位脊髓損傷的朋友，打電話告訴我說他沒地方住，經過大哥同意，我便請朋友搬到寶山與媽媽同住，每個月補貼他們一萬元，請他們代為照顧媽媽。有時朋友會打電話跟我說媽媽的行為有點怪，每天會用扁擔扛東西出去，但是不知道去哪裡，直到傍晚才會回家。有一陣子，我送她喜歡吃的豬腳或燒酒雞回去時，她看到我會突然問我是哪一位，我告訴她是她的小女兒，才喚醒她的記憶。

我懷疑她是不是得了阿茲海默症？但是那時候因為太忙，只交代朋友要好好幫忙照顧我媽，她最近的精神狀態可能有點問題。有一天晚上八點多，朋友告訴我媽媽失蹤了！我急忙著打電話給大哥、三哥還有村長請他們去找，直到十點多才找到，她坐在一個池塘邊，衣服凌亂不堪，褲子上都是泥土。

村長直接把她送到我家讓大哥帶她去洗澡，經過我的房間時，她怯怯的眼神打量著周遭，我知道他對這個環境已經陌生了，她已經不認得我了，她再也不知道我是她最心疼的女兒。

隔天，媽媽不再像以前吵著要回去寶山，她坐在沙發上，我看著她，發覺她變得好瘦，不過她的眼睛還是很亮。望著她的眼神，我一層一層的淚光慢慢流下，我用我沒有力氣的手慢慢擦掉自己的眼淚，我想喚醒她的記憶，便從盤古開天談起。

我跟她說：「妳有五個兒女，一個在臺北，一個已經過世，一個開修車廠，一個大姊住在楊梅，他們全是妳跟爸爸栽培的記得嗎？我是妳的小女兒阿玲。」

她回答：「為什麼妳坐在輪椅上？」

媽媽眼睛看著我，似曾相識的眼神彷彿還帶著你熟悉的溫情，但是我錯了，她的記憶已經像飛機失事的黑盒子沉入大海一樣，已經茫然，媽媽連我都不認識了，我漸漸知道，昨天晚上摔倒的那跤，把她的記憶全都抹滅了。

從此她過著自己的世界，她經常開門出去，我們怕她走丟，便在她胸前掛了一個名牌，如果忘了回家的路，有些好心人士會送她回來。但是後來她的髖關節硬化之後，再也不能行走了，從此輪椅與她相伴，我也多了一個輪椅伴，心裡想著這樣也不會再走丟了。

我們兄姊一起負擔了看護的費用，請一個外勞照顧她。白天看護會把她抱下來曬太陽，看護抱起她的一剎那她就會哭，但是她又不會表達為什麼要哭，是腳的關節痛呢？還是哪裡不舒服了？

媽媽捨不得離開我們

那一陣子正好是我演講行程最多的時候，申請新看護的那段時間，只能請瑪莉同時照顧我跟媽媽兩人。有一天早上，瑪莉餵媽媽喝牛奶時，緊張的跟我說：「妳媽媽不會喝牛奶了，嘴巴打不開來，沒有辦法喝，因為舌頭已經外吐了。」

我覺得事態嚴重，趕快打電話請三哥送她到南門醫院急診，我因為當天的演講不能臨時推掉，只好依照行程去演講。車上我打電話給大哥詢問媽媽的狀況，他言語哀戚的說：「媽媽已經住進加護病房，醫生發出病危通知了，明天要拔呼吸器離開人世間了！」

我當下並沒有哭，只覺得媽媽會捨不得離開我，她會因為放心不下我而清醒的。然而加護病房開放探病的時間我都在演講，只能強忍著眼淚趕快上臺講完，便急著回新竹去看媽媽。

打開手機時發現好多通未接電話，都是三哥和姊姊打來的，我雙手顫抖回撥給大姊，她說媽媽明天要拔呼吸器已經確定了，護理師希望我去看她最後一眼，大姊也準備好了媽媽要更換的衣服。我眼淚不停的流下來，從小到大未盡過孝道的我覺得很慚愧，老公勸我不要哭，我告訴他趕快去醫院，我要去看媽媽。

到了加護病房，看到媽媽躺在病床上，戴著呼吸器，嘴巴插著鼻胃管，連尿管都插了，這個畫面讓回想起我剛車禍的時候也是這樣，但是我後來還是活過來了，因此相信媽媽一定也沒有問題！

我正祈禱時，護理師突然對我說：「請問妳是她的小女兒嗎？妳哥哥有沒有告訴妳明天媽媽要拔呼吸器？」

我生氣的說：「沒有！」

她接著說：「媽媽確定明天要拔呼吸器放棄急救，因為血糖飆了一千多，我們灌了很多水她依然沒有排尿。」

我聽她說話的語氣，讓我想起當初復健師告訴我：「羅小姐，妳沒有買輪椅嗎？妳一輩子將坐在輪椅上度過。」他們的口氣都是一付輕鬆自在的樣子，我心想如果今天是妳的親人躺在這裡，還會把話說得這麼輕鬆嗎？

我兩眼盯著護理師說：「我媽死了嗎？」

她說：「還沒拔管呀！正在靠呼吸器呼吸呢！」

我說：「那妳就不要下定論我媽媽會死！」

護理師不屑的瞪了我一眼，大姊在一旁說：「妳的口氣真不好，我準備了媽媽明天要回家的衣服，等一下請護理師幫她換上。」

我說：「別換了，先回家吧！」

回到家裡已經十二點多了，梳洗完畢我看見大姊在哭，我告訴她：「媽媽不會走的，睡覺吧！明天我還要到扶輪社演講，但請妳不要在十一點多打電話給我。」

隔天去演講時，一路上我的心情都很沉重，還沒有到會場就接到了大姊的電話，我猶豫著要不要接這通電話，真怕聽到壞消息。不過最後我還是接了電話，只聽見大姊開心的說：「告訴妳一個好消息，媽媽清醒了，已經轉入普通病房！昨晚妳怎麼知道媽媽不會死？」

我說：「因為媽媽還不夠凌虐你們，所以捨不得走啦！」

一個星期後，媽媽出院了，一樣住在我家二樓，每次看護要抱她上樓或下樓時，她還是在哭，而我也始終猜不透她為什麼要哭。看著她一天一天萎縮的臉頰和雙腳，我常會想，如果當初我沒有受傷，她不會辭掉電子廠的工作來照顧我，甚至也不會讓爸爸因為我這麼操勞的心肌梗塞過世。如果爸爸能多陪陪她幾年，她今天也不會這樣。我有責任照顧她，我決定找一個比較好的環境，讓她過完下半輩子！

PART4
無與「輪」比的力量

23 您是我的心肝寶貝

我悄悄的到竹北看房子，看了一間社區的四房一廳，瞞著老公連續看了三次，因為要跟銀行貸款八百多萬元，擔子加重很多。但是到最後我還是決定買下來，只要我願意工作，可以慢慢償還，而且媽媽可以住在我對面房間，雖然沒有辦法照顧她的生活起居，但是至少可以常常看到她，這樣我就心滿意足了。

不過自從搬進去住後，才知道媽媽不論白天晚上都不停的碎碎唸，活在她自己的世界裡，她都在講客家話，每天自言自語。

記得有一次我在喝紅酒時，她看了也跟我要一杯，我請瑪莉倒給她喝，不過拿到她面前時，她說：為什麼妳給我喝醬油啊？」讓我聽了哭笑不得，但是她還是把那杯醬油喝完了。

她生病時，我會帶她坐火車到南門醫院，但是她在火車上很吵。記得有一次，一個阿伯對她比了一個「噓」的手勢，媽媽反而回他：「你才靜靜的不要講話啦！」她這些舉動常會讓我啼笑皆非。

大哥、大姊、三哥偶爾會回來看看她，但是他們都說媽媽一直碎碎唸，我不會嫌她吵嗎？我說：「不會啊！我已經習慣了，她不唸我才擔心呢！因為她不說話就是血糖降低或者感冒了，要不然就是尿道感染。她有一個很好的看護在照顧她，我可以很放心，專心做自己的工作，也可以看著她時而可愛、時而裝傻、時而罵人，她是一個很可愛的媽媽，我很愛她。雖然她已經不認識我，但是我知道她是愛我的！有時候你也會聽到她在房間裡面，叫著：『阿玲，阿玲妳在哪裡啊？』」

自從我車禍受傷後，媽媽就專心照顧我，她從此也沒了朋友，我要負起相當大的責任，照顧好她的下半輩子。而且媽媽的愛如「蠟炬燒盡自己，如飛蛾撲向火去」那麼偉大，現在我只能大聲告訴媽媽：「您是我的心肝寶貝！」

在我受傷前不懂的孝順，受傷後才知道爸媽對我呵護的無微不至，爸爸離開了，我才慢慢地了解到所謂父母子女一場，只不過意味著你和他的緣分，就是今生今世不斷的望著他的背影漸行漸遠。

無與「輪」比的力量

媽媽安排妥善後，我可以更放心開拓自己的事業。除了開始巡迴演講外，另一件大事，就是和朋友創立了「台灣夜合花姐妹創業就業協進會」。夜合花別名香木蘭，在客家文化裡是一種代表女性美德的花，為什麼呢？因為客家女性刻苦耐勞，白天總是忙碌工作，經常包著頭巾、揮灑汗水，直到夜晚才卸下工作重擔，將女性柔美的一面奉獻給家人，就像是夜合花一般，入夜後更覺芬芳。

一方面有職業婦女的意思，一方面也要發揚女性的美麗形象。這個社團雖然創立沒幾年，不過我們已經辦過一次國際化活動了，那就是「送愛心到菲律賓」。這個活動是由我發起的，交流的國家是菲律賓，跟我老公有關。有一回我陪老公回菲律賓探望他的家人，那一次我的感覺不只是驚訝，根本是太震撼了。我難以想像他們是那麼的窮困，像我在我老公姊姊家吃飯的時候，到處都是蒼蠅和螞蟻，環境髒亂生活情況很差。我還看到許多行動不方便的人，竟然就坐在地上沒有人照顧，連基本的行動都沒辦法。

我當時很訝異的詢問當地里長，那些身體有殘疾的人為何不坐輪椅而坐在地上？他跟我說，經濟環境那麼差，連正常人都很難過生活了，哪有辦法照顧到身有殘疾的人？不只我眼睛所見到的身障者沒有輪椅，事實上，整個里都沒有一臺輪椅。這個訊息讓我既驚訝又難過，原本身障者因身體弱勢就比較可憐了，而身處在經濟不發達的國家，處境更是艱難。當下我立刻許下承諾，要設法捐輪椅到菲律賓來。

對於我這樣的承諾他們都只是聽聽而已，沒有人當真。畢竟我本身就是個行動不方便的人，況且我又不是什麼有錢人，一個全身癱瘓的女子想要做出捐輪椅這樣的義舉，無疑是癡人說夢。

不過他們沒想到我這個人說到做到，我一回臺灣後就開始積極奔走。所幸社會上有很多善心人士贊同我的理念，靠著這些朋友的幫忙，我募集到了七十臺輪椅。只是接下來運費又是一個大問題，要把這些輪椅運送到菲律賓，運費至少要二十萬元，而且還不包括到菲律賓港口後運送到社區的費用。在此時，我又遇到了善心人士，有一個菲律賓人的快遞公司名叫「ＬＥＣ」，願意義務幫我們把這七十臺輪椅運到菲律賓，於是所有問題都解決了。

我這邊同時和老公的社區連絡受贈名單事宜，因為所有的輪椅都得來珍貴，不能隨便亂送，必須一一核對菲律賓傳來的資料，看看哪些人需要這些輪椅。看到那些資料真的很令人傷感，身殘者年紀從三歲到七十歲都有，我問過為何有那麼多小孩一出生就殘疾，難道產前檢查看不出來嗎？但當地就是醫藥衛生資源很缺乏，根本缺乏產前檢查的制度。

終於，名單全部確認了，我們在二〇一二年十一月五日裝船運送，由於船運需要一個半月，我和老公於十二月底飛菲律賓。當輪椅運達社區時，老公的兄弟姊妹全部過來幫忙，這也就解決了當地運送的問題。

就在聖誕節前夕的十二月二十三日，在老公的社區活動中心舉辦贈送輪椅的典禮。雖然沒有花錢安排隆重的場地，但當天幾乎全社區的人都到了，場面非常感人。好多人抱著我痛哭，我特別記得有一個老人邊哭邊告訴我，他們平常聽了太多政府的空頭許諾，早已不相信任何事。原本以為我也只是一時興起說說而已，沒想到還真的把輪椅運送過來了。

當天參加的許多人都泛紅了眼睛，我自己也是感動的淚流滿面。我體驗到人與人之間的關懷與傳情遞愛的力量，也可以跨國際，展現無與「輪」比的力量。

24 全場最漂亮的就是我媽咪

為了趕快付清房貸，我更積極的接演講，連假日都沒有公休。每天清晨四點起來，沒吃早餐習慣的我，講完一場就喝一杯咖啡代替，久而久之我的胃開始痛了，老公叫我少接演講。

兒子相當乖巧貼心，功課也不用我擔心，升上國小四年級，很多事情也漸漸懂了，讓我很放心，我也驕傲有這麼聰明乖巧的兒子。正得意的我，兒子卻給了我一個很大的衝擊。母親節時，他給我一個震撼教育！

他們學校舉辦了母親節活動，要幫媽媽洗腳，當天我去了也很開心，兒子幫我洗腳，但是沒想到，隔天他卻在聯絡簿上寫了幾個字：我昨天幫媽媽洗腳，我好緊張喔！因為我怕同學會笑我媽媽是坐輪椅的。

我看了之後相當傻眼，當時好想把他臭罵一頓，但是等我控制好情緒時，已經是第二天晚上了，我再度翻開他的聯絡簿，老師在上面寫著：你這麼可以怎麼想呢？你媽媽很偉大喔！

心急的我，決定找他好好談一談。我把他叫到房間，我用親切的口吻說：「你跟我一樣個性，有話就說，媽媽佩服你把文章寫上聯絡簿，卻不怕傷我的心！我告訴你，你要謹記在心裡，我跟你爸爸結婚時，就已經坐輪椅了！我生下你的時候，也是坐輪椅！直到我死時，也是坐輪椅！這是無法改變的事實，你要清楚這一點。」

「而且坐輪椅，這不是我願意的，我是出了一場車禍才癱瘓的。如果人生可以重來，我也不要坐輪椅呀！我可以用別的方式來彌補我的不完美，例如你的電腦很厲害，你教我，來彌補我身上的缺陷，媽媽跟你一起學習成長，努力當個專職講師，讓你的同學對我另眼相看好嗎？」

聽完這一段話後，他哭了，躲在浴室裡把門關著不開燈，讓水一直嘩啦嘩啦的流，直到水洩到我房間，看護去敲門他也不開，就在裡面一直哭個不停。我的心何嘗不也是在滴血，只聽到他說：「我不開門，都是媽咪啦！媽咪讓我哭的啦！」

等他洗完澡，躲在棉被裡，哭著哭著就睡著了。他沒有做任何回應，但我相信他了解我是多麼的愛他，儘管他如何傷我的心，我都是愛他的，因為他是我心頭的一塊肉。

我只是想讓他了解，任何人都能看不起你媽媽，唯獨你不行，因為你是我兒子！

隔年的母親節前夕，我在屏東演講時，兒子打了電話給我，說五月一日學校要再度舉辦洗腳活動，邀請我去。我腦海裡浮現了他去年聯絡簿上的文章，不過我還是答應他說我會去學校。直到回家翻開行事曆後，發現五月一日潛能發展中心中途之家的學生要來戶外教學，我只好告訴兒子今年沒有空去，要他請爸爸代替我去就好。

沒想到他很拗的說：「我不要爸爸去啦！那是母親節又不是爸爸節，妳已經答應我了，通知單我也已經交出去了，不管啦！妳一定要去！」

之後他天天纏著我，問我洗腳活動會不會去參加，我正經八百的問他：「請問今年我參加洗腳活動後，你的聯絡簿會寫什麼呢？」

他說：「不會了，我不會怕同學笑我了，而且主任說今年要請妳去學校演講呢！」

於是我決定調整中途之家的上課時間。不管兒子如何看我，我畢竟是他媽媽，都要面對這無法改變的事實。前一天晚上九點多，兒子睡覺前來到我床邊說：「媽咪，明天妳去我的學校，可不可以貼假睫毛，像妳去演講一樣，穿得很漂亮！」

我問他為什麼？他說：「沒有啦！妳就打扮漂亮一點。」然後轉頭就去睡覺了。

隔天一早我就去洗頭，也裝了假睫毛、畫了口紅。到了學校，他比去年開心，臉上洋溢著笑容，像是天使般圍繞在我身邊一直跳躍著。這一次我看到兒子的表情是驕傲的，瞧他樂此不疲的晃來晃去，還一直親我，我深深了解他是多麼的愛我，我看得出來他在向我道歉，從他小心的按摩、搥背到洗腳每個動作，我體悟到這就是親情，難能可貴的愛。

還有一個媽媽坐到我旁邊說：「妳好漂亮喔！我可以跟妳一起合照嗎？」兒子更樂了，我的心也放下了一塊石頭。隔天我看到他在聯絡簿寫著：昨天洗腳活動很成功，我媽媽是全場最漂亮的媽媽。

我內心好激動，當場留下了欣喜的眼淚。只是好景不常，他又再次傷我的心！

25 我是你的恥辱還是榮耀

我的眼睛浮腫了兩天，看著模糊的電腦螢幕，一字一字寫著自己的心情故事，想到我為何哭得如此淒慘？這是比我受傷時還要心痛，也是我第一次釋放眼淚，就像瀑布一樣瞬間爆發。淚水滑下頸部沁濕了我的衣領，停不了洪水潰堤般的，我想停止卻停不下來，我在享受流淚的快感嗎？整整一個多小時！

當晚，我請看護拿了一杯紅酒，喝著睡前酒，正和每天跟我生活在一起的最愛的二個男人開心聊著。我們房間有二張床，因為晚上我需要看護翻身，所以我是自己睡一張床，老公和兒子在另一張床上，他們兩人趴在枕頭上，搖著小腿互相勾著，我正享受著一家和樂的氣氛。

兒子說：「媽咪，我生日時要借社區宴會廳，請同學一起來玩，吃義大利麵。」

我說：「不是畢業當天才一起慶祝嗎？」

兒子說：「是啊！」

爸爸接著說：「你畢業典禮當天我跟媽咪都會去喔！」

沒想到兒子卻語出驚人的說：「媽咪不用去啦！」

爸爸一聽勃然大怒說：「為什麼媽咪不用去？」

兒子說：「我開玩笑的啦！」

爸爸說：「怎麼可以開這種玩笑，起來罰站！」

爸爸順勢拿起皮帶抽打他，兒子一直哭。當下我的腦袋瞬間呈現空白，無話可說。我強忍著不流淚，請看護先去睡覺，然後眼淚不聽使喚的流出，一個小時沒有停過，此時聽到老公說：「去跟媽咪道歉！」

兒子走過來床邊說：「對不起。」

我沒有回話，我也不知該說什麼？爸爸接著說：「去抱抱媽咪說對不起！」

他要抱我的時候，我突然覺得兒子好陌生，我說：「請你不要靠近我。」

當時心想，坐輪椅的媽媽就算做得再好、再偉大、再多的好事，永遠也比不上正常媽媽，身體殘缺就永遠不能跟有兩條腿的人攀比嗎？我的心涼了，我已經找不到平衡點，我想乾脆放棄未來的活動，我不辦了。反正在兒子眼裡，有個坐輪椅的媽媽是個恥辱，我活著還有什麼意義？既然我是他的恥辱，不如離開世間，他就不會背上我媽媽是坐輪椅的事實，以後也沒有人會取笑他了。也許我該成全他。

兒子跑回自己的房間哭了，他爸爸不願善罷甘休一直敲門一邊罵他，兒子勉為其難的開了門，回到我房間裹著棉被痛哭流涕，直到睡著了。老公見我難過，坐在椅子上說，要陪我喝二杯。

我們前一天晚上才因為要籌辦一場活動而吵起來，他說我太辛苦了，他不願意我承受經費的壓力。我告訴他有壓力才會成長，我不希望兒子在成長，而我卻原地踏步。我希望讓他以後可以在同學前面驕傲的說：「我媽咪現在是講師，是作家，是個從事公益活動的偉大媽咪。」

如今我說服了老公同意我辦活動，兒子卻因為我是身障者而叫我不要去他的學校，我活得真是悲哀。老公雖然嘴裡一直鼓勵我，不過看他紅酒越喝越多，我想他心裡的壓力一定比我大。我們結婚十幾年了，中間偶爾也會吵架，甚至開口離婚，但是他絕對不會開口傷害我，說我是一個坐輪椅的女人，他更不會瞧不起我身邊的身障者，這是我愛他的原因之一。

隔天下午四點多兒子放學後，我坐在餐桌前，他坐在沙發上玩手機，我猶豫著要跟他問個清楚嗎？我想他已經十二歲了，懂事了才對，於是開口叫他過來坐在我前面，我問他：「媽咪有做錯什麼事情，讓你覺得去參加你的畢業典禮是件丟臉的事嗎？你可以告訴我嗎？」

他說：「沒有，我只是開玩笑而已。」

我說：「我之前就跟你說過，我跟你爸爸結婚，直到生下你，直到我老死，都是坐輪椅的，這是你要接受的事情啊！你忘記了嗎？我坐在輪椅上有讓你感到這麼可恥嗎？」

他說：「沒有。」

我說：「如果媽咪有做了讓你不開心的事情或對不起你的事情，你一定要告訴我。」

他說：「真的沒有。」

我順便告訴他說：「我幾乎不太管你的事，因為我覺得你已經長大了，你會做好你自己的事情，我也扮演好我自己的角色。我從來沒有過問你的功課，不過爸爸他是菲律賓人，文化不一樣，要求學歷高。我不要求你很會讀書，但是一定要懂得做人，如果你連做人都不會，讀二十多個博士學位也沒有用！有能力的時候伸出援手幫助別人，這種成就非常開心的，金錢也買不到。我只希望你一直到了成年都不變壞，讓你成為一個大家都喜歡的人，讓大家都愛你、需要你，我只是義務協助你的未來你懂嗎？」

他點點頭，我最後問他：「我在你心目中是一個什麼樣的媽咪？」

他說：「很棒的媽媽。」

我說：「除了這個之外，我到底是你的恥辱？還是榮耀？」

他毫不猶豫的說「榮耀」這二個字，頓時讓我解開昨晚的憂慮。

我說：「我很安慰，以後我會做更多事來幫助別人，我們一起進步好嗎？但是記住一句話，以後這種玩笑話不可以開。雖然我很樂觀，但是我也會鑽牛角尖，外面的人可以取笑我，但是你不行知道嗎？以後對任何一個人說話都要經過大腦判斷知道嗎？」

他說：「我以後會改的！」

我也回他：「謝謝你也讓媽咪上了一堂震撼的課程。」

我告訴自己，我要更努力朝著我的人生夢想去完成，才能讓兒子為我感到驕傲。最後我和兒子擁抱，我又悄悄落淚了，但這次是欣慰的眼淚！

這是我最有收穫的一天，希望天下的爸爸媽媽，也要改善一下教育孩子的方式，雖然不能帶給你多少成績，我想也會給你們帶來不少驚喜吧！

26 無可取代的輪椅

雖然經歷過不少辛酸波折，但走過風雨後的夫妻情感只會更加堅定。二〇一三年十一月，我和老公結婚已經滿十二年了，這些年來，我也摸索出一些心得，學會如何與一個認識六天而私訂終生的人相處。

自從我開始演講後，我對老公更加尊重及體諒，因為我知道沒有他就沒有今天的我！沒有他在我最無助的時候把我撿起來照顧，也沒有今天的我。到如今，他從沒有一絲一毫嫌棄過我的不方便，所以我非常感激他。

他經常鼓勵我多看書，買書給我看是他最開心的事，還有帶我去看電影，他也鼓勵我一個人在家就多看歷史長片，多了解為人處世的道理，也要學會自我情緒管理。這些年來，我發覺得他真正的愛上了我，以前我真的不覺得，現在我真正感覺到他在我身上付出的愛，因為我是女人，第六感自己最清楚了。

他愛我勝過愛自己，我的手腳抽痛，他會緊張得睡不著幫我按摩；我有一點小咳嗽，他會急忙帶我去醫院急診。尤其最近他深深害怕失去我，每到星期六就會帶我去山上呼吸新鮮空氣，推著輪椅扶著我，親自餵我吃飯，叫我少喝點酒等，讓我相當感動。

今年十二周年，我們還特地去拍了全家福相片，我真害怕沒有下一個十二年可以給他。最難能可貴的是，他買了一部日本原裝進口的 YAMAHA 電動輪椅給我，價錢不斐喔！我還消遣他說，我可沒有資格坐這麼高級的輪椅呢！沒想到他竟然說了一句經典的話：「傻瓜老婆，輪椅代表妳一輩子的腳，妳絕對值得！」讓我聽了哽咽落淚。

我又接著問：「那麼我老了呢？」

他說：「我會帶著妳環遊世界，帶妳想去的地方。」

我又問：「如果有一天我不再呼吸了呢？」

他說：「我會在菲律賓買一塊地，把妳帶回去，等我死後，我們連死也埋在一起，永遠不分開！」

我們把生死看得很開，他和我一樣，把每一天當做是最後一天來經營，所以我們過得非常充實，我也告訴他：「你才是我一輩子的輪椅，沒有什麼可以跟你比，我希望蒼天能夠給我N個十二年來愛你！」

最佳男主角

兒子又讓我哭了。雖然我知道他常讓我感動，但即便我做了再多的心理準備，他還是有辦法可以讓我更加的感動。在我們歡慶結婚十二周年那天，他上臺只講了一句話，但是那句話卻讓我哭到不能停止。

記得兒子小時候曾問過我：「媽咪，妳們的結婚照裡面為何沒有我？我當時在哪裡啊？」

我回他說：「我也不知道你在哪裡？」

兒子稚氣的回答：「我一定是躲在車子裡面。」

我告訴他：「有一天我會讓你在我的結婚照當男主角的。」

而我也實現諾言了。在我和老公十二周年紀念那天，他是男主角。兒子不只那天是男主角，他會是我一輩子的最佳男主角！

談起兒子，我就有很多回憶。記得兒子呱呱落地猶如昨天才發生的事情，時間過得真快，現在看著他，已經是國一的學生了。我偷偷瞧一瞧在客廳的鏡子裡，他正在撥弄前額的瀏海，嘴巴唸唸有詞，我好奇的多看他一眼，他說：「看我做什麼？妳沒有看過這麼帥的人嗎？」

瞧他一臉自信，他真的長大了。我接著問：「你有女朋友嗎？」

他直搖頭說：「我沒有，我也不要，現在我要以功課為重，跟爸爸一樣大學畢業，不像妳只有高中肄業，以前還會翹課翹家。」

我說：「你怎麼知道這些事情？」

他說：「妳演講的時候說的啊！」

我說：「你記得這麼清楚啊？」

他會淘氣回我說：「是啊！妳的書我都看完了，我早都知道啊！」

我接著說：「讀書厲害不重要，做人才重要！」

他說：「什麼是做人？」

我說：「做人就是跟媽媽一樣要幫助需要幫助的人，如果學會做人處事長大，你就有兩條路可以走。」

他問：「哪兩條路呢？」

我說：「一是老闆，二是老大。」

他馬上回我說：「我要當老大！」

然後哈哈大笑的，若無其事的走進房間。

如果老公坐我旁邊作勢要親我，兒子會衝過來對他爸爸拳打腳踢，然後說：「不准親！媽咪是我的，我有學跆拳道揍扁你！」

他爸爸也無可奈何，從小到現在他都是這樣，睡覺前要親親嘴說晚安，早上讀書時要親親臉頰說我愛妳，這些都要感謝他爸爸的西洋教育方式。

說實在我還蠻羞愧的，兒子從小到大我都沒有幫他換尿布、泡牛奶，只有餵了一年的母奶。他寫功課不用人教，也不用叮嚀，時間到自己就寫完了，只有洗澡的時候會賴皮一點而已，每天晚上十點，準時抱著他心愛的狗狗進房間睡覺。

每個星期五是我們三個人一起睡覺的時間，他會躺在我旁邊撒嬌說說話，爸爸躺右邊，他躺左邊。他會淘氣的問：「媽咪！兩個帥哥睡在妳旁邊有何感想？」

我會回他：「很爽啦！」然後會瞧他樂得合不攏嘴。

這一次我們結婚十二周年慶，在新竹喜來登大飯店請客，請每一位貴賓都上來講話，司儀說要讓我兒子壓軸。司儀悄悄告訴他：「等等最後你要對媽媽說話喔！」

他一邊玩著手機，一副事不關己的點了點頭。我擔心他會怯場，便問他：「兒子，你準備好了嗎？」只見他點了點頭繼續玩手機。

他爸爸上臺說話時還吞吞吐吐的，讓我更擔心兒子會說錯話。最後輪到他上臺時，他說：「我媽媽戴著氧氣罩把我生下來，我覺得她很偉大，我會愛她一輩子，照顧她一輩子！」

他這句話讓我們全場四十幾個人全部當場落淚，連大男人也忍不住頻頻拭淚，尤其是我。我真的沒想到他這麼會說話，而且短短的幾句，就深深打入每一個人的心坎裡。我想我一點不用擔心他了，瞧他一臉得意的樣子，有著長長的睫毛，圓圓的大眼睛，帶著一點稚嫩的驕傲感，和我小時候一模一樣。我也被他的那股驕傲感染了，有兒子真好，他使這個家更完整。

隨著時間流逝，兒子將一天比一天長大，也越來越有自己的想法，也會看到更寬廣的世界，知道自己喜歡什麼，討厭什麼。但願我能成為兒子雙臂下的微風，推動他前進的力量，一如上天對我的眷顧和保護，和老公對我不變的愛。

27 打造坐輪椅最美麗的人生

記得在十年前，美國洛杉磯舉辦了一場脊髓損傷服裝走秀活動非常成功，洛杉磯也因為這場活動，搖身一變成了身障者最會穿著打扮的城市。這讓我有了一種想法，我有生之年也要改變脊髓損傷者的穿著打扮，把臺灣打造成美麗的城市。

雖然當時有這樣的夢想，也要在臺灣辦一場和他們一樣的活動，但是那時候我自己的生活都自顧不暇了，哪有這個時間與金錢來辦這種大型的活動呢？然而十年後，在一個偶然的機會下，朋友寄了一封 E-MAIL 給我，是國外脊髓損傷走秀的影片，剎時，我腦海中沉寂十年的那個夢想再度出現，我告訴自己這次一定要辦一場選美活動，一定要完成我的夢想。

二〇一四年八月，我找了我的好友，也就是輔導我走出傷痛的小明商討，他因長期在桃園潛能發展中心服務，對脊髓損傷朋友的情況非常了解。他告訴我現在平均一天有三個人因意外而造成脊髓損傷，年齡層在二十七歲左右，有一些傷友因為沒有辦法接受坐輪椅的事實而自殺了，讓我聽了更加堅定的告訴自己，我要幫助他們走出陰霾！

於是我們開始籌備，我和桃園潛能發展中心的林進興董事長開會，經過分析，擔心有人會以消費身障者的眼光來看待選美活動，所以討論了很久，終於決定由「台灣夜合花姐妹創業就業協進會」為主辦單位，桃園潛能發展中心是脊髓損傷的報名處，第一次先已女性為主。

在所有的企畫都完成後，四月開始招生，並且命名為「第一屆脊髓損傷暨心愛美人選美活動」，而我的責任是訪視全臺的佳麗及募款，我們的預算經費是一百三十萬。我花了一個半月的時間，訪談了四十二位選美佳麗，並且親自幫她們錄音、錄影，這些都是我自己和看護完成。

不過此時經費還沒有著落，於是我開始拿著計畫書向朋友募款，三萬一萬的湊起來。但是這筆龐大的數目壓得我喘不過氣來，只好硬著頭皮向臺中的朋友——峻奕建設公司謝言晨董事長求救。我向他說明我的夢想，以及可以如何幫助脊損傷友重建信心，讓他們重新接受自我，過嶄新的人生。沒想到他二話不說，幫我包辦了一切。

隔天，我馬上下臺中訂了通豪大飯店，而他也馬上付了訂金，並且告訴我：「雅萱，妳只要負責訓練佳麗就好。」

我聽了真是開心極了！接著我請一位李翊珊老師來教佳麗美姿美儀，但是因為工作團隊不夠專業，也沒有辦活動的經驗，一一離開了我的團隊。幸好老天眷顧，在高雄的一個公益活動中，我認識了「臺灣智庫」的石志偉董事長，我們一見如故，聊了兩個多小時。他剛好辦過大型的選美比賽，於是義無反顧來幫我的忙。

團隊開會的時候，他專程從高雄北上，而謝董也請了「中華民國廣亮慈善會」李盈香主任一起與會，兩位前輩都對活動相當專業，是我學習的對象，因此我邀請他們務必一起參與此次選美活動。

在取得共識之下，我們正式展開籌備會議，由石董負責總策劃，李主任負責募款，我則負責佳麗的部分。就這樣，我們的團隊慢慢擴大，九月十三日峻奕建設公司在臺中辦了一場募款餐會，李主任主持功力一流，當天募款數目超出我意料之外，我開心的喜極而泣，讓場地與經費都籌到了，一切水到渠成。

我對佳麗的要求甚高，因為我們希望可以辦一場國際型的選秀活動。我也告訴佳麗名次並不重要，因為得名並不是中樂透，而是責任的開始，我們要一起完成我們的使命，將來要去關懷更多需要幫助的人。

在此也特別感謝所有的贊助單位及所有工作團隊。

成果驗收的日子

二〇一四年十月十八、十九日二天是成果驗收的日子，我們訓練一批脊髓損傷的佳麗終於要蛻變了。一早起床我趕忙梳妝打扮，到了臺中通豪飯店，佳麗們也開始進行報到。我們請了「新竹縣中華民國警民聯防協會」的義工到場協助佳麗報到及各項準備事宜，有了他們的協助，讓一切得以順利進行。

等待休息後，下午兩點開始彩排，彩排的時候有位佳麗未到，才得知她因為身體失溫而掛急診，不過後來她還是堅持趕到會場一起彩排，看到她虛弱的身體一直發抖，內心極為不捨。為了這次活動，佳麗都盡心盡力配合主辦單位，心裡有一股無法言語的感動。

彩排進行時，也一邊請亞太技術學院的學生幫她們義務化妝。第一天晚上是初賽，必須在三十六位佳麗中，選出二十位佳麗進入隔天的決賽。我是主辦單位，第一個上臺致詞，上臺前腦袋空空的，跟以前一開始演講一樣會害怕，但奇怪的是只要麥克風一到嘴邊，我自然滔滔不絕的講起話來了，我想這是長久以來累積的經驗吧！

佳麗分為Ａ、Ｂ兩組，一組是胸腰椎損傷，一組是頸椎損傷，由於頸椎是四肢癱瘓，需要由人協助，因此我們也請了「中信房屋」十幾位義工前來協助兩天的比賽。比賽一開始會擔心佳麗出糗，但是每一位都表現得可圈可點，讓我在臺下看了感動落淚。這半年的美姿美儀培訓及口才訓練都有學習到，令我深感安慰。

評審們聽他們的自我介紹後都頻頻拭淚，初選直到晚上十點才結束，結束後佳麗們先回去休息，而我們評審則是開會到凌晨一點多才睡覺，我想佳麗們可能也都睡不著吧！可能大家的心裡都噗通噗通的跳著。想著自己隔天是否有在入圍名單裡。

十九日早上八點半要公布名單，不過我因為前一晚太累睡過頭竟然遲到。因為昨晚很累我一夜好眠，但是因為如廁洗澡不方便，無奈只能在床上解決囉！新看護動作緩慢，所以老公看了更是緊張的說：我自己來幫我老婆，接著他戴上手套協助我排便，當時我看到老公汗流浹背讓我內心感動不已，結婚已經十四年了，他還可以為我處理大小便的事，這些事應是由看護來做，沒想到他還可以如此體貼入微，讓我倍感慶幸的這輩子嫁了好老公。到了會場時大家已經開始了，石老師還調侃我說：「我們的女王出現了！」

幸好及時趕上公布入圍名單的時間，我上臺時還是有些許緊張，擔心未入圍的佳麗是否可以調適好自己的心情，因為我們希望每位佳麗都能一起參與整個活動到結束。然而佳麗也都很團結，用完早餐後，「Motives 彩妝」李傑老師也率領了四十五位義工免費為佳麗們做彩妝造型，各個上臺都美如天仙，她們看到自己那麼漂亮，也都笑得合不攏嘴。

佳麗彩排的同時，我們則跟義工一起開會，希望能協助將活動辦得完美無缺。我原本打算中午先上樓休息片刻，沒想到手機不斷響起也無法入睡，於是我請 Motives 彩妝師來幫我化妝，下樓時已經下午兩點了，活動即將登場。

我們請了輪椅表演為活動揭開序幕，結束後換我上臺致詞，我告訴佳麗今天就是「夢想起飛」的時刻。接著請聯合主辦單位峻奕建設公司謝董上臺致詞，有他的大力支持，使得活動順利進行。接下來比賽隆重登場，會場裡人山人海，佳麗們不論在自我介紹、舞臺展現和機智問答上，都表現的有聲有色，直到公布名次前，我都好緊張喔！

比賽結果終於出爐了，所有參與選美的佳麗通通有獎。節目最後，我們的總策劃石志偉董事長安排了一個感人肺腑的橋段，他安排了兩首歌，第一首是佳麗獻給我的《掌聲響起》，聽了好感動；第二首是我們獻給所有參與這次活動的工作人員的《感恩的心》，我帶領了三十六位佳麗一起唱。

正要開口時，謝夫人卻突然哭了，她正好坐在我正前方，我看她擦拭著眼淚，我也忍不住跟著哭了起來。她過來一把抱住我說：「好感動，好成功，我以妳為榮！」她回到座位上時，我喵到她先生也跟著感動落淚了，我伸出雙手給他一個擁抱，他輕輕拍我的肩膀說：「妳好棒喔！」

這時評審也哭成一團，簡直就像下雨一般。為了感謝聯合主辦單位，我送了感謝狀給峻奕建設公司，匾額上寫著「愛心廣被」，也送給我這次巧遇的恩師指點。而石志偉董事長的感謝狀則是寫著「我們愛您」，看他一臉的歡喜，相信心裡一定深受感動。

當晚活動結束，峻奕建設公司特地擺了三桌宴席，請評審們一起吃飯。當時謝董還調侃我和他夫人說：「妳們兩個真是個愛哭包啊！」

我們返回新竹時已經晚上十二點了，我累到沒有體力也沒有卸妝就呼呼大睡，直到隔天中午才起床，起床後老公還叮嚀說：「把手機關了，好好的休息吧！」

我心想，我哪有時間休息啊！選美只是個過程，後續才是責任的開始，著手規畫佳麗的課程，也是佳麗們夢想起飛的開端。加油！我的親愛佳麗們，因為有妳們，豐富了我的生命，也給了我充實的生活，我愛妳們！

28

我們要繼續奔馳

從第一屆選美活動開跑的那一天起，我就知道自己背負著很大的責任。一路上跌跌撞撞，我感恩身邊義無反顧幫忙我的人。當我遇到了困難時，有人嘴巴客氣的說要幫我，結果只是說說而已，反而是那些嘴巴不斷酸我的人，一邊說我「行動不便也要選美啊？」一邊卻開始試著幫我，才能讓我在這混亂的社會裡，看見每個人的美好付出。

對於這些人的感謝，言語已經不足以表達，期待佳麗的蛻變，相信這是大家一路陪伴最想要的成果吧！也謝謝佳麗們能夠包容我的脾氣，也因為有了大家的一路陪伴，我才有力量繼續在這裡和大家一起分享。

生活中有許多無奈的事情，有時候明明自己很難受，卻還要強忍著眼淚；有時候明明自己也很委屈，卻還要假裝很堅強；有時候明明自己很心痛，卻還要努力忘記一切；有時候明明自己心裡難受，卻還要面對著別人強顏歡笑。無數次的再度爬起來，不顧一切追求心中的目標與理想，殊不知自己早已在這追逐目標的路途中遍體鱗傷。

難過的時候，要學會一個人默默的安慰自己，讓自己走出哀傷；生氣的時候，要學會控制情緒，讓自己不要因為生氣而做出錯誤的決定；難受的時候，要學會忘記，忘記那些讓自己傷心的人、事、物；遇到挫敗時，要學會相信自己，相信自己一定能做到完美無缺！

我很感謝第一屆選美佳麗們熱情的參與跟支持，擔心我吃了沒有、喝水了沒有、要補充體力之類的，讓我很感動！第一屆佳麗是以後的標竿，我們要更加茁壯、成長，不要讓外界認為我們脊髓損傷者是累贅、是負擔，我們要更加努力。

親愛的朋友，你最想做的事情是什麼？你開始行動了嗎？無論如何，想做就立刻做吧！即使是站在烏煙瘴氣的十字路口，你也要懂得享受生命，因為我們永遠無法預料，下一秒鐘的我們是否能和現在一樣，經過相同的地方，做相同的事。

沒有開始，就不會有結果，還沒有跨出夢想腳步的人，就沒有資格說夢想。時間會一直不斷流逝，我們真正能掌握的，只有當下這一刻！如果希望看見夢想的明天，我們都應該從現在開始！人生最精彩的不是抵達目標，而是堅持走在目標的過程。很多時候，在成長的路上因為遇到太多挫折，需要承受，所以盡情釋放我們的眼淚，我們並不懦弱，我們只是比他們堅強了久一點，我們渴望被認同，渴望被擁抱！

人要做到讓每個人都滿意很難，做到自己滿意就足夠，生命中不一定要有彩虹，但一定要讓自己過得彩色亮麗，因為妳是世界上唯一的自己，讓我們繼續奔馳下去吧！

獨一無二就是我們的武器

我常在想，生命到底是一個故事，還是一個事故？年輕的時候，總認為一個問題只能有一個答案。自從一場車禍之後，生命裡經歷了許多波折才明白，如果沒有這場車禍，我將會如何寫自己的人生劇本？其實生命中每一個問題都有無數個解答，但是沒有一個是正確的，我們不要為任何人改變自己的夢想與目標，如果要改變，只因為妳自己想改變。

時光飛逝，隨著年齡增長，這幾年又讓我成熟了很多。看似平靜的心海，其實永遠是波濤洶湧的，只是不停的喘息，感覺一輩子真的好短，時間永遠都不夠用。我們真的需要好好疼愛自己，做自己想做的事情，我們的世界，有了自己的陽光才會更加耀眼。

走過了無數的春夏秋冬，見過了太多大事小事，唯有坦然面對自己，才會看到希望就在眼前。我做不到讓每個人都喜歡我、欣賞我，但是只要堅定走好自己的路，只要有人相信我為何而做，那就夠了。其實，每一個人都有自己的獨特魅力。

這個世界很大，外面還有好多人需要我們的幫助與關心。有些時候可能覺得不安，那是因為太在意別人對自己的感受，忘了其實有很多事情跟我們沒有太大的關係。我們都有智慧，要知道自己和別人不一樣，「獨一無二」就是我們的武器。

去過自己喜歡的日子，就是最好的日子；去過自己喜歡生活，就是最好的生活。如果忘記自己的目標，會失去前進的方向；如果忘記自己的責任，會失去往前的動力；如果忘記自己的承諾，會失去別人的尊敬；如果忘記自己的身分，會失去做人的分寸；如果忘記自己的義務，會失去別人的幫助。

只有忘記自己昨天的成功，才有助於得到明天的勝利。

活著就是一種幸運、一種幸福

我早已養成早睡早起的習慣，喜歡躺在床上望著天花板發呆，等著瑪莉來按摩。我喜歡天花板白色乾淨，沒有一點髒污，這樣可以讓我放鬆的想事情。望著窗外，清潔工正背著除草機割草。聽著吵雜的聲音，看著白髮的阿伯正在辛勤工作著，而我依然躺在床上一動也不動！

我在想，生命故事該如何寫，今生才不會有遺憾？生命對於每個人來說都只有一次，沒有人能夠有第二次生命。能夠活着到底是痛苦還是幸運？不妨正面積極的想，活著是一件多麼美好的事情，活著，可以和家人共進晚餐，可以和友人話家常，可以看到明媚風光，寄情山水，可以徜徉在音樂之中，可以想哭就哭、想笑就笑。

然而如果我用負面的心態來想，活著又不會走路，生活起居都要仰賴別人，吃喝拉撒必須靠別人，甚至連喝杯水都要別人端給我，每天二十四小時手腳又麻又痛圍繞著我，不曾停止過，我的腿二十四小時猶如螞蟻啃蝕著，甚至痛到飆淚，只能默默坐在電腦前打文章，來轉移疼痛的注意力。

我也常在想，現在很多正常人好手好腳的，為了總是為了雞毛蒜皮的事就去吵架？因為超車在路上大打出手，餐廳吃飯看一眼也要打架，吃飽了撐著是吧？

生命短暫而且脆弱，也許走在路上車子擦身而過就將一個人擊倒，也許一件小事也可使人送命，如此不堪一擊的生命，我們又如何不去珍惜？我就是因為一場車禍而必須終生坐輪椅。

活著對我來說，本身就是一種幸運，有多少生命未曾看過繁華世界，未曾感受過真愛與真情便黯然離世，和他們相比，我們何其幸運！與其讓自己戰戰兢兢的消極面對日益走近的死亡，不如學著用坦然的心態面對世界的紛紛擾擾，如此才會使自己感悟生命，領悟生命的真諦。

人活著是要享受的，每天把自己的事做好，少去跟別人攀比，少去抱怨，安安心心融入自己的生活圈子，訂定自己的生活目標，然後一步一步去完成，並且盡情享受過程中的美妙與激動。只要用心去生活，生活就會給你帶來許多你意想不到的驚喜。

我們並不是一個人孤單的生活在這個世界上，我們有親人、有朋友，應該多為愛我們的家人著想。有多少人還來不及呼吸空氣就早已夭折了，有多少人因為失戀、因為挫折而失去了生命，有多少人因為得到不治之症而失去生命，又有多少人死於天災人禍，我們應該珍惜老天又給我們一次活命的機會，我更應該好好珍惜這得來不易的幸福。

還是那句老話，既然我們無法改變生命的長度，可以試著改變生命的寬度；既然我們無法改變他人，可以試著改變自己的心態。調整自己的心態，學會感恩，學會讚美，學會熱情，我相信活著本身就是一種幸運，就是一種幸福。

灑淚的人生

每一個認識我的人，都說我是一個平凡又奇特的女子，我在書中道盡了一路走來充滿酸、甜、苦、辣的人生遭遇。一個人若能自己選擇人生的路，相信沒有人願意過我這樣的生活，然而我卻要做這種生命的主人，毫無退避的承受了生命中不可承受之輕與重。

每一次的跌倒、受傷，都代表著我與生命風浪搏鬥的過程，每一次的考驗不管輸還是贏，都是滿眶的淚水。受傷之後的我，每天的生活既是窒礙難行，更是顛簸搖晃，如同小船行於大海，次次充滿危險。在這一次又一次歷經人生的險灘中，也讓我風雨生信心般的一次又一次通過了上天困難的考驗。

想想在這茫茫人海中，我的故事絕非偶然，能幸運順利的應該也不多，可通過人生考驗的更是稀少。然而我已從枯槁死灰的殘身中爬出來，邁向彩繪的人生大道，一如蝴蝶破蛹而出，追求享受生命的禮讚，飛向自由寬廣、美麗的藍天與大地。

昨天的以往我將忘記，心中的創傷已經逐漸恢復！今天就算大雪紛飛，就算寒風刺骨，就算老天給我再多的痛、再苦的傷悲，我不再落淚，也不會憔悴。

在這夜深人靜之際，我高舉酒杯用紅酒祝福自己，青春永駐，幸福常存，人生更充實，生命更豐富。

跋

您是我的榮耀

羅世恩（作者之子）

我媽媽在人生最無助的時候，受到身邊很多人的鼓勵及協助。我三歲時，她為了讓我有更好的生活，她和看護一起去擺地攤，靠著努力一步一步慢慢的爬起來。她以實際行動來展現她對生命的熱忱，不僅僅讓和她一樣的人獲得激勵，不因身體行動不方便而放棄整個世界，現在她更籌措經費辦了脊髓損傷者的選美活動，讓跟她一樣身陷險境的人也變得跟她一樣，接受迎面而來的種種困難。

從媽媽的身上，我深深體驗到一句話：「無論這個世界對你多麼冷酷，她都會一如往常勇敢挑戰及充滿希望。」我看到媽媽積極樂觀的去面對許多事，活出生命最好的光彩，就像一團小小的火，靜靜的散發著熱光，讓旁人感受到那股生命的熱情，重新燃起他們生命的希望。

但願人人都能扮演那團火，盡量讓自己周遭的人，使他們不再害怕，勇往直前。

我只是四肢癱瘓

脊髓損傷鬥士羅雅萱的生命故事

作　　者／羅雅萱
責任編輯／許典春
企畫選書人／賈俊國

總 編 輯／賈俊國
副總編輯／蘇士尹
編　　輯／高懿萩
行銷企畫／張莉滎・蕭羽猜

發 行 人／何飛鵬
出　　版／布克文化出版事業部
台北市中山區民生東路二段 141 號 8 樓
電話：(02)2500-7008　傳真：(02)2502-7676
Email：sbooker.service@cite.com.tw
發　　行／英屬蓋曼群島商家庭傳媒股份有限公司城邦分公司
台北市中山區民生東路二段 141 號 2 樓
書虫客服服務專線：(02)2500-7718；2500-7719
24 小時傳真專線：(02)2500-1990；2500-1991
劃撥帳號：19863813；戶名：書虫股份有限公司
讀者服務信箱：service@readingclub.com.tw
香港發行所／城邦（香港）出版集團有限公司
香港灣仔駱克道 193 號東超商業中心 1 樓
電話：+852-2508-6231　　傳真：+852-2578-9337
Email：hkcite@biznetvigator.com
馬新發行所／城邦（馬新）出版集團 Cité (M) Sdn. Bhd.
41, Jalan Radin Anum, Bandar Baru Sri Petaling,
57000 Kuala Lumpur, Malaysia
電話：+603-9057-8822　　傳真：+603-9057-6622
Email：cite@cite.com.my
內文排版／孤獨船長工作室
印　　刷／韋懋實業有限公司
初　　版／2020 年 01 月
售　　價／300 元

城邦讀書花園 www.cite.com.tw　布克文化 WWW.SBOOKER.COM.TW